权威·前沿·原创

皮书系列为
"十二五""十三五""十四五"时期国家重点出版物出版专项规划项目

BLUE BOOK

智 库 成 果 出 版 与 传 播 平 台

中国教育发展战略学会高中教育专业委员会

高中教育蓝皮书

BLUE BOOK OF HIGH SCHOOL EDUCATION

中国高中教育发展报告
（2023~2024）

DEVELOPMENT REPORT ON HIGH SCHOOL
EDUCATION OF CHINA（2023-2024）

高中生生涯规划
High School Student's Career Development

主　编／蒋　承　薛海平

执行主编／蒋叶光　王严淞

副 主 编／张思思　肖立宏

社会科学文献出版社
SOCIAL SCIENCES ACADEMIC PRESS（CHINA）

图书在版编目（CIP）数据

中国高中教育发展报告 . 2023~2024：高中生生涯
规划／蒋承，薛海平主编 . --北京：社会科学文献出
版社，2024.5
　（高中教育蓝皮书）
　ISBN 978-7-5228-3640-9

　Ⅰ.①中… 　Ⅱ.①蒋… ②薛… 　Ⅲ.①高中-教育事
业-研究报告-中国-2023-2024 　Ⅳ.①G639.2

中国国家版本馆 CIP 数据核字（2024）第 092146 号

高中教育蓝皮书

中国高中教育发展报告（2023~2024）
　　——高中生生涯规划

主　　编／蒋　承　薛海平
执行主编／蒋叶光　王严淞
副 主 编／张思思　肖立宏

出 版 人／冀祥德
组稿编辑／路　红
责任编辑／丁阿丽
文稿编辑／王雅琪
责任印制／王京美

出　　版／社会科学文献出版社 · 皮书分社（010）59367127
　　　　　地址：北京市北三环中路甲 29 号院华龙大厦　邮编：100029
　　　　　网址：www.ssap.com.cn
发　　行／社会科学文献出版社（010）59367028
印　　装／天津千鹤文化传播有限公司

规　　格／开　本：787mm×1092mm　1/16
　　　　　印　张：14.25　字　数：208 千字
版　　次／2024 年 5 月第 1 版　2024 年 5 月第 1 次印刷
书　　号／ISBN 978-7-5228-3640-9
定　　价／168.00 元

读者服务电话：4008918866

《中国高中教育发展报告（2023～2024）》专家委员会

委　员（以姓氏笔画为序）

王　烽　　王　蓉　　王炽昌　　尹后庆　　田　间

朱　丹　　任学宝　　刘　昕　　李志民　　杨银付

吴宝科　　张双鼓　　陈晓宇　　罗　媛　　岳昌君

周　枫　　周满生　　赵亮宏　　殷长春　　高拴平

郭振有　　谈松华　　康　宁　　韩　民　　韩　进

焦　豪　　臧铁军

《中国高中教育发展报告（2023~2024）》
编 委 会

主编简介

蒋 承 北京大学教育经济研究所研究员，教育部课程教材研究所兼职研究员，首都教育高质量发展政策咨询委员会专家委员。同时担任中国教育发展战略学会高中教育专业委员会副理事长兼秘书长，北京大学教育学院高中教育大数据实验室主任、博士生导师，主要研究方向为高中教育与高考改革、拔尖创新人才的早期发现与培养。

薛海平 首都师范大学教育学院教授、副院长、博士生导师，首都师范大学中小学生校外教育研究院院长，全国校外教育培训监管专家委员会政策咨询分委会委员，主要研究方向为教育经济学、教育管理学、教育政策、校外教育等。

摘　要

2019年印发的《国务院办公厅关于新时代推进普通高中育人方式改革的指导意见》要求各地制定学生发展指导意见。以此为背景，浙江、山东、上海等省份教育部门陆续出台学生发展或生涯教育指导性文件。2023年，习近平总书记紧密围绕"培养什么人、怎样培养人、为谁培养人"这一教育的根本问题发表了一系列重要讲话，习近平总书记提出的新理念、新思想、新观点为教育事业发展提供了根本遵循和强劲动力。生涯规划教育是连接学生学校生活与社会生活的重要纽带，高中生生涯规划教育有助于提高高中生适应现代社会发展的能力。新时代背景下，我国普通高中教育面临新的形势与挑战，在高中阶段积极推进生涯规划教育已经成为时代之需。在我国教育改革的实践中，生涯规划教育有更迫切的现实需求。

本书总报告兼顾全局视角和长远眼光，对新时代背景下中国普通高中生生涯规划发展特征进行整体概括，并针对我国高中生生涯规划发展情况提出前景展望。基于对高中生生涯规划及生涯教育的总览，本书专题篇从战略管理的视角探索普通高中生涯教育实施路径并构建"战略规划—战略实施—战略评价"生涯教育战略管理分析框架，为普通高中实施生涯教育提供理论依据。基于全国范围的数据分析是识别相关问题、预测发展趋势的重要手段，本书调查篇数据来自北京大学教育学院高中教育大数据实验室联合中国教育发展战略学会高中教育专业委员会对全国高中生及其家长进行的问卷调查。基于科学的数据，本书首先对高中生涯规划特征进行实证分析，其次调查了高中生家长对高中生涯规划的参与情况、特征表现、规划内容等，为研

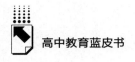
究高中生涯规划情况积累了量化数据。本书案例篇包括我国多地区学校一线教育工作者和各类型优质教育组织中的教育实践者的研究成果，涵盖了生涯规划教育领域的关键问题和实践重点，兼顾个性化与数智化教育改革等议题，为生涯规划教育的研究和实践提供全面的参考。

基于定量研究和案例与理论研究相结合的方法，本书主要研究发现如下。第一，高中生生涯规划能力总体不足并存在区域差异。第二，生涯规划课程建设有待加强，高中生生涯规划师资不足。第三，高中生学习活动主要发生在校内，教师授课时间远多于自习时间，在校外学习时以自习为主；高中生在周一至周六均保持高强度学习节奏，周日有所放缓；高中生在空闲时间主要与同伴交流，与教师、家长的沟通均较少。第四，家长参与学生生涯规划起步晚，亲子沟通对生涯规划有促进作用；升学压力倒逼家长进行生涯规划，侧重点有地区差异，学校生涯规划教育仍需加强。第五，在学业规划方面，家长认为学生的选科自由度较高，但选科结果仍呈现"文理分科"的制度惯性，选科影响因素中未来的专业志愿选择范围颇受关注；家长对不同的升学路径均有一定了解，在了解所在省份往年各批次分数线时体现出较强的升学期望。本书主要建议如下。第一，家长应尽早树立生涯规划意识，强化对升学路径的认知，全面了解升学选择和最新政策，鼓励学生结合自身特点选择发展路径；同时，家长应对学生未来的专业选择和从事的职业类型保持开放的心态，积极进行亲子沟通，在了解学生的兴趣和能力的基础上对其专业选择和职业类型进行规划并提出建议。第二，教育行政部门应健全包括机构、制度、目标和资源在内的生涯教育战略实施体系，完善规划评价、实施评价和结果评价机制。

关键词： 高中教育　普通高中　高中生涯规划　专业选择　升学路径

目 录 ⬡

Ⅰ 总报告

Ⅱ 专题篇

Ⅲ 调查篇

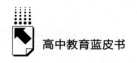
Ⅳ 案例篇

皮书数据库阅读**使用指南**

总 报 告

B.1

新时代背景下中国普通高中生生涯规划
发展特征与前景展望

蒋 承 薛海平 肖立宏*

摘 要： 高中生生涯规划是帮助高中生更好地适应现代社会和个人发展的必要手段。新时代背景下，我国普通高中教育面临新的形势与挑战，在高中阶段积极推进生涯规划教育已经成为时代之需。本报告分析了高中生生涯规划发展的新环境、当前高中生生涯规划发展的整体情况与特征、新时代背景下高中生生涯规划发展面临的关键问题，并展望了高中生生涯规划发展前景。调查发现，新时代背景下高中生生涯规划能力总体不足并存在区域差异，生涯规划课程建设有待加强，高中生生涯规划

---

* 蒋承，中国教育发展战略学会高中教育专业委员会副理事长兼秘书长，北京大学教育学院高中教育大数据实验室主任、博士生导师，主要研究方向为高中教育与高考改革、拔尖创新人才的早期发现与培养；薛海平，首都师范大学教育学院教授、副院长、博士生导师，首都师范大学中小学生校外教育研究院院长，全国校外教育培训监管专家委员会政策咨询分委会委员，主要研究方向为教育经济学、教育管理学、教育政策、校外教育等；肖立宏，教育学博士，北京教育考试院副研究员，主要研究方向为教育政策、教育评价。

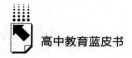
师资不足。为此，今后需要研究制定国家生涯规划教育指导标准，建立学校、家庭、社会共同参与的生涯规划指导系统，大力优化数字技术下的生涯规划指导服务。

关键词： 高中生生涯规划　学业规划　职业规划　高考综合改革

一　高中生生涯规划发展的新环境

（一）新的时代背景

高中生生涯规划包括学业规划和职业规划，是帮助高中生更好地适应现代社会、促进个人发展的必要手段。社会经济的发展变化对高中生生涯规划产生了深远的影响，需要他们提前做好准备，以便更好地面对未来的挑战。

随着科技的进步和社会的发展，新的行业和职业不断涌现，如大数据分析、人工智能、互联网营销等，为高中生提供了广阔的职业发展空间。同时，这意味着高中生需要掌握更多的知识和技能，具备更强的适应能力。就业市场和环境的变化使得求职压力增大，在这种情况下，高中生通过生涯规划提前明确自己的发展方向，更有针对性地进行学习和提升，以便在将来的就业市场竞争中占据有利地位。随着全球经济一体化发展，竞争的压力已经跨越了国界，高中生只有具备全球视野和跨文化交际能力，才能在国际竞争中脱颖而出。生涯规划可以帮助他们了解国际形势、拓宽视野，为未来的发展打下坚实的基础。随着社会的发展和人们认知的变化，个人发展已经成为人们关注的重点。生涯规划可以帮助高中生认识自我价值的重要性，学会发挥自己的潜能，更好地服务社会，实现自我价值和社会价值。

随着高考综合改革和普通高中育人方式改革的推进与深化，普通高中教育有了新的定位、面临新的要求，倒逼学生提前规划未来。高考综合改革赋予学生考试科目选择权，将高中生对未来专业和职业的思考与选择前置到高二选课走班之时。高中课程改革带来的选课走班也促使学生将学业与未来职业紧密结合。这些改革举措强化了高中生对自身兴趣、优势和职业倾向的认知需求，学生需要更多地认识自我与社会，谋划学业与职业方向。新一轮高考综合改革实现了从"选拔"到"选择"的变化，从"招分不招人"转变为"尊重学生的个性爱好"，给学生带来了全方位的选择体验。引导学生树立生涯规划意识，学会选择、发现优势、强化优势已经成为基础教育阶段无法回避的重要课题。在高中阶段积极推进生涯规划教育已经成为必然需求。①

（二）高中生生涯规划发展的政策环境

早在 20 世纪 90 年代，国务院和国家教委就颁布了在普通中学开展职业指导的相关政策文件。1991 年颁布的《国务院关于大力发展职业技术教育的决定》要求"在普通教育中积极开展职业指导"。1992 年，国家教委基础教育司颁发《普通中学职业指导教育实验纲要（草案）》，1995 年，国家教委发布《普通中学职业指导纲要（试行）》，推动生涯规划教育在普通中学的开展。

2010 年颁布的《国家中长期教育改革和发展规划纲要（2010—2020年）》指出，要在普通高中"建立学生发展指导制度，加强对学生的理想、心理、学业等多方面指导"，并要求为学生"提供更多的选择"。2014 年 3 月，教育部印发了《关于全面深化课程改革落实立德树人根本任务的意见》，提出要建立普通高中学生发展指导制度，指导学生学会选择课程，做好生涯规划。

2014 年 9 月，《国务院关于深化考试招生制度改革的实施意见》发布，开启了新一轮的高考综合改革。2014 年 12 月，教育部颁布高考综合改革配套文件《关于普通高中学业水平考试的实施意见》和《关于加强和改进普

---

① 王凯：《高中阶段应尽早开展职业生涯规划》，《中国教育报》2019 年 11 月 14 日。

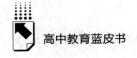

通高中学生综合素质评价的意见》，明确提出"要加强学生生涯发展指导""坚持指导性，把握学生的个性特点，关注成长过程，激发每一个学生的潜能优势，鼓励学生不断进步"。

2017 年，中共中央办公厅、国务院办公厅印发《关于深化教育体制机制改革的意见》，指出"要健全立德树人系统化落实机制""培养职业能力，引导学生适应社会需求，树立爱岗敬业、精益求精的职业精神，践行知行合一，积极动手实践和解决实际问题"。2017 年底，教育部制定的《普通高中课程方案（2017 年版 2020 年修订）》要求，在高中阶段就要引导学生进行未来职业规划，明确普通高中的任务是"促进学生全面而有个性地发展，为学生适应社会生活、高等教育和职业发展做准备，为学生的终身发展奠定基础"。方案要求高中学生"正确认识自我，具有一定的生涯规划能力"，要求学校"切实加强学生发展指导""建立学生发展指导制度""帮助学生树立坚定的社会主义理想信念，正确地认识自我，更好地适应高中阶段的学习与生活，处理好兴趣特长、潜能倾向与社会需要的关系，选择适合的发展方向，提高生涯规划能力和自主发展能力"。

2019 年颁布的《国务院办公厅关于新时代推进普通高中育人方式改革的指导意见》要求"加强对学生理想、心理、学习、生活、生涯规划等方面指导，帮助学生树立正确理想信念、正确认识自我，更好适应高中学习生活，处理好个人兴趣特长与国家和社会需要的关系，提高选修课程、选考科目、报考专业和未来发展方向的自主选择能力""各地要制定学生发展指导意见，指导学校建立学生发展指导制度，加强指导教师培训。普通高中学校要明确指导机构，建立专兼结合的指导教师队伍，通过学科教学渗透、开设指导课程、举办专题讲座、开展职业体验等对学生进行指导。注重利用高校、科研机构、企业等各种社会资源，构建学校、家庭、社会协同指导机制。高校应以多种方式向高中学校介绍专业设置、选拔要求、培养目标及就业方向等，为学生提供咨询和帮助"。

2021 年教育部印发《普通高中学校办学质量评价指南》，从办学方向、课程教学、教师发展、学校管理、学生发展等 5 个方面制定评价内容，包括

18 项关键指标和 48 个考查要点，要求各地各校结合实际优化评价方式方法，不断提高评价工作的科学性、针对性、有效性，坚持结果评价与增值评价、综合评价与特色评价、外部评价与自我评价、线上评价与线下评价相结合，实事求是地做出评价结论。

2022 年修订的《中华人民共和国职业教育法》对职业规划教育做出规定，全面覆盖中小学、职业学校、大学阶段。其中第十九条规定："县级以上人民政府教育行政部门应当鼓励和支持普通中小学、普通高等学校，根据实际需要增加职业教育相关教学内容，进行职业启蒙、职业认知、职业体验，开展职业规划指导、劳动教育，并组织、引导职业学校、职业培训机构、企业和行业组织等提供条件和支持。"

二　当前高中生生涯规划发展的整体情况与特征

（一）高中生生涯规划的研究现状

以"高中生生涯规划"为检索词，在"中国知网"数据库进行主题检索。原国家教委的两个关于普通中学职业指导的政策文件的颁发时间都在 20 世纪 90 年代，因此检索时间设定为 1990 年 1 月 1 日至 2023 年 1 月 1 日①，搜索获得相关文献 957 篇（见图 1）。2001~2010 年，相关研究较少，每年的文献发表数量均为个位数。2010 年《国家中长期教育改革和发展规划纲要（2010—2020 年）》发布，此后相关研究数量呈逐年递增趋势。2014 年上海和浙江开始首批高考综合改革试点，2017 年迎来首批新高考考生。自 2017 年之后，相关研究数量激增，2019 年相关文献发表数量达到峰值（183 篇），随后回落，但每年仍保持在 100 篇以上。

检索到的文献主要主题最集中的前 5 项为生涯规划（242 篇）、职业生涯规划（161 篇）、新高考（114 篇）、生涯规划教育（112 篇）、职业生涯规划教育（99 篇）（见图 2）。次要主题最集中的前 5 项为高中阶段（84 篇）、

---

① 1990~2000 年的检索结果为 0，故下文内容呈现时间多为 2001~2023 年。

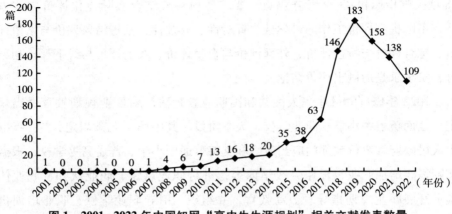

图1　2001～2022年中国知网"高中生生涯规划"相关文献发表数量

生涯规划教育（83篇）、职业生涯规划教育（63篇）、生涯规划（45篇）、生涯发展（39篇）（见图3）。

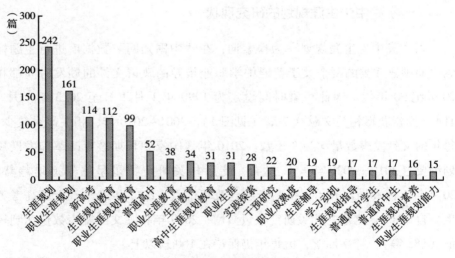

图2　文献主要主题分布

从文献主要来源分布来看，《中小学心理健康教育》期刊共有相关文献96篇（见图4）。

文献主要作者分布见图5。发表相关文献最多的为甘肃省天水市第二中

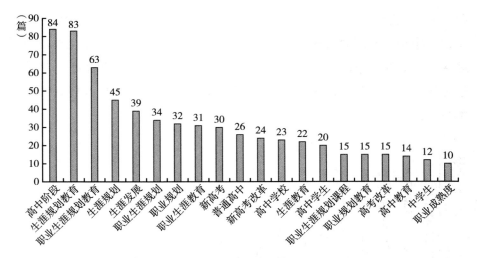

图3 文献次要主题分布

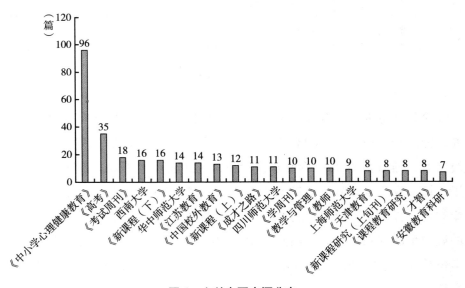

图4 文献主要来源分布

学的王红艺、杭州师范大学附属中学的谢文婷和浙江省长兴中学的谢伟。王
红艺于2019~2022年在《中小学心理健康教育》等期刊发表5篇文章，主

题多为在政治课与劳动课中助力高中生生涯规划。谢文婷于 2015～2016 年在《中小学心理健康教育》发表 5 篇文章，主题多为高中生生涯规划课题探索与案例。谢伟于 2014～2018 年在《中小学心理健康教育》和《教学月刊》（中学版）发表 5 篇文章，主题多为普通高中生生涯规划课程思考与实践。

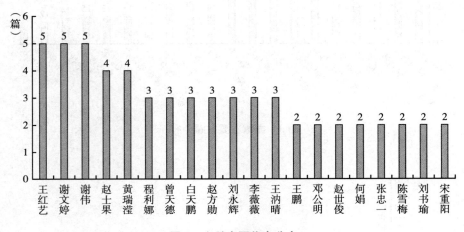

图 5　文献主要作者分布

徐州师范大学教育科学学院的赵士果以《高中生职业生涯规划的必要性探析》为题，于 2008 年在《现代教育论丛》发表了该主题的第一篇文章；随后在 2008～2009 年以徐州市区普通高中为例进行研究并发表了 3 篇文章。福建省漳州第五中学的黄瑞滢于 2011 年在《中小学心理健康教育》发表第一篇高中生生涯规划主题文章，2016 年以《普通高中生的职业生涯规划、自我效能感与学习动机的关系探索》为题发表了硕士学位论文，并于同年在《中小学心理健康教育》发表 2 篇相关主题文章。

文献主要发表高校分布见图 6。发表相关主题文献最多的 3 个高校分别为西南大学（16 篇）、华中师范大学（14 篇）、华东师范大学（12 篇），这些高校发表的相关主题文献大多为硕士学位论文。

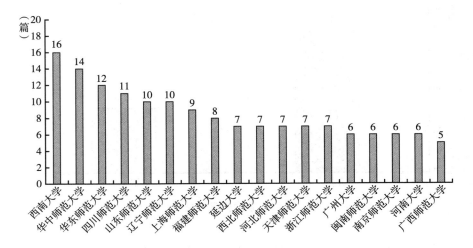

图6 文献主要发表高校分布

（二）校内的高中生生涯规划教育现状

1. 数据说明

为了解高中生生涯规划教育现状，以北京学生为例，采用问卷进行调查。调查问卷面向参与北京市新高考改革的2020届、2021届和2022届高中生发放，采用多阶段抽样，共回收问卷18680份。在对调查数据进行清理后，为保证样本的代表性和调查数据的合理分布，根据学校所在地和类型，对原始数据进行二次抽样，获得有效样本10621个，二次抽样后的样本分布与北京市学校及学生分布情况基本一致。北京市学校位于城区的学生占66.2%，位于近郊的学生占23.1%，位于远郊的学生占10.7%；普通学校学生占32.6%，重点学校学生占67.4%。

从家庭情况来看，为独生子女的学生有7261人，占总调查人数的68.4%；为非独生子女的学生有3360人，占31.6%（见图7）。

从学校所在地来看，学校位于城区的学生有6367人，占总调查人数的59.9%；位于近郊的学生有3084人，占29.0%；位于远郊的学生有1170

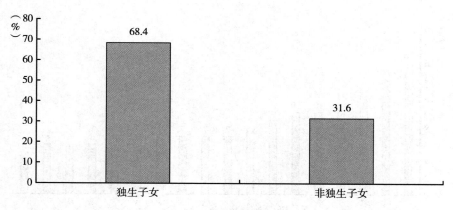

图 7　家庭情况分布

人，占 11.0%（见图 8）。从学校类型来看，就读于重点高中的学生有 6262
人，占 59.0%；就读于普通高中的学生有 4359 人，占 41.0%（见图 9）。

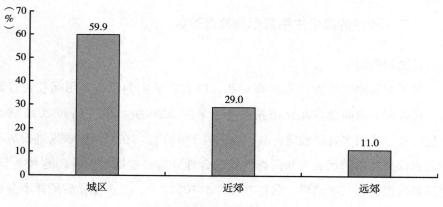

图 8　学校所在地分布

　　从家庭居住地来看，家庭居住地位于城区的学生有 6758 人，占 63.6%；
位于县镇的学生有 2343 人，占 22.1%；位于乡村的学生有 1520 人，占
14.3%（见图 10）。

　　从父母职业来看，母亲职业占比高的 5 个选项分别为专业技术人员
（14.9%），商业、服务业一般职工（12.5%），企业办事员（11.9%），无

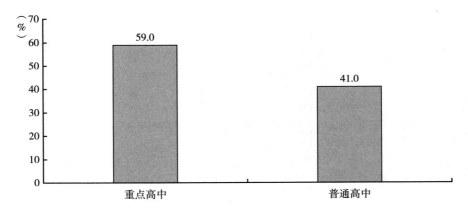

图9　学校类型分布

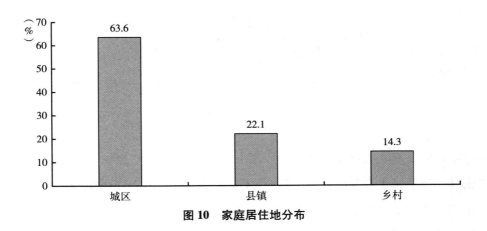

图10　家庭居住地分布

业、失业、下岗（11.0%），自由职业（9.0%）。父亲职业占比高的5个选项分别为技术工人（15.5%），专业技术人员（12.2%）、企业/公司中级、高级管理人员（11.1%），自由职业（8.1%），企业办事员（7.7%）（见图11）。

2. 教育期待与职业期待

父母对子女的教育期待方面，无所谓的占9.4%，占比最高的是硕士研究生（44.3%），其次为大学本科（31.1%）和博士研究生（14.1%）。学生自身教育期待方面，无所谓的占3.6%，占比最高的为硕士研究生

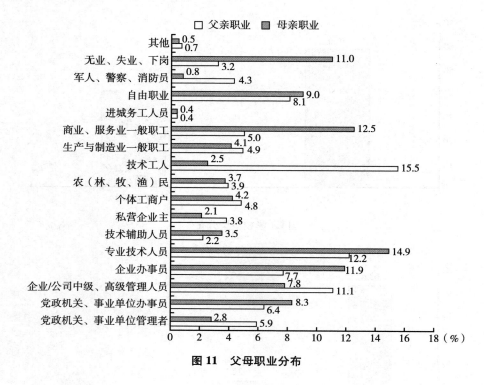

图 11　父母职业分布

（50.6%），其次为博士研究生（22.5%）和大学本科（22.4%）（见图12）。总体而言，学生自身教育期待高于父母对子女的教育期待，学生本人更希望能够读硕士或博士。

父母对子女的职业期待方面，没有具体想法的占19.7%，除此之外，占比高的5种职业分别为专业技术人员（43.9%），企业/公司中级、高级管理人员（10.6%），党政机关、事业单位管理者（7.9%），党政机关、事业单位办事员（5.5%），军人、警察、消防员（3.2%）（见图13）。

学生对高等教育的期待方面，"双一流"本科（或985、211高校）占比最高，为77.6%，普通本科占19.3%，无所谓的占2.1%，另外还有1.0%为专科（见图14）。

学生对大学录取专业的期待方面，无所谓的占16.4%，占比最高；除

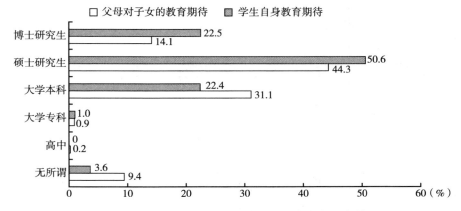

图 12　父母对子女的教育期待与学生自身教育期待

注：因四舍五入存在误差。

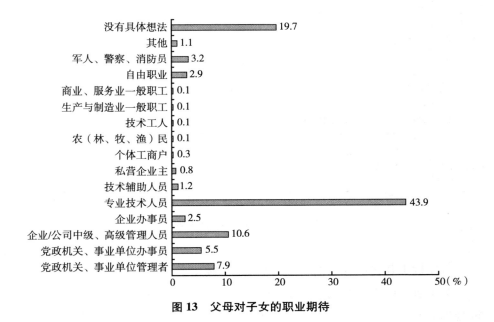

图 13　父母对子女的职业期待

此之外，占比高的 5 项分别为教育学（12.8%）、理学（11.4%）、医学
（11.0%）、经济学（8.5%）、艺术学（8.5%）（见图 15）。

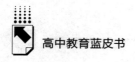
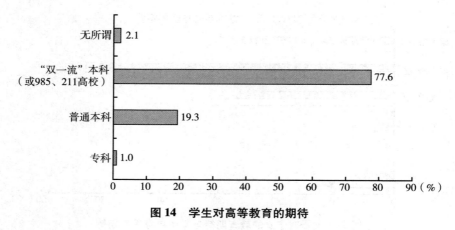

图14　学生对高等教育的期待

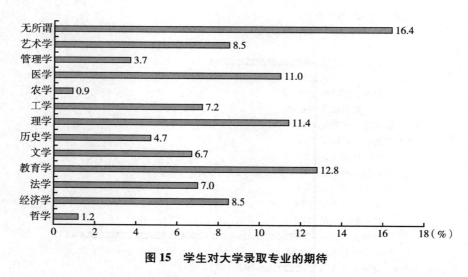

图15　学生对大学录取专业的期待

3.学校生涯规划指导开展总体情况与区域间对比

为了解高中生生涯规划指导情况，调查组分别调查了学校是否开设了生涯规划方面的课程，是否有负责生涯规划课程的专职教师，是否邀请高校相关人员来学校做介绍，是否提供专业与职业性向测评（通过对兴趣能力的测评帮助学生找到适合自己的大学专业），是否开展各种社会实践活动帮助学生接触、了解不同职业，是否向学生提供关于职业生涯规划或学业发展方面的咨询和帮助。

被调查的学生中，85.1%的学生所在学校开设了生涯规划课程，仍有14.9%的学生所在学校未开设相关课程。学校所开设的生涯规划课程并非都由专职教师负责，仅75.1%的学生所在学校有生涯规划专职教师。在高等教育普及化阶段，高中生毕业后直接就业、进入劳动力市场的占比较低，绝大多数学生需要为升入大学做准备。做好学业规划和生涯规划需要了解不同高校、不同专业对新生能力的要求及将来的就业前景等信息。55.6%的学生所在学校邀请高校相关人员来校宣传介绍。71.0%的学生所在学校提供了专业与职业性向测评，帮助学生找到适合自己的专业发展方向。66.9%的学生所在学校开展了各种社会实践活动。82.9%的学生所在学校向学生提供了关于职业生涯规划或学业发展方向的咨询和帮助，但访谈中了解到这种咨询和帮助大多由任课教师或班主任提供，并非由生涯规划专职教师提供（见图16）。

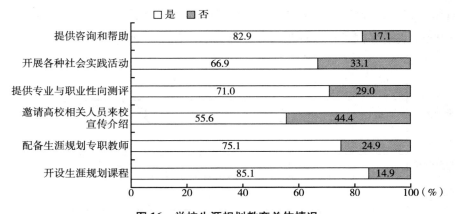

图16 学校生涯规划教育总体情况

学校生涯规划教育的良好开展，有赖于学校各项资源的支撑。为了解不同区域学校的生涯规划教育情况，进行分区域的对比，结果显示了如下信息。

在开设生涯规划课程方面，远郊学校开设比例最高（87.4%），其次为城区学校（86.9%），近郊学校最低（80.6%）（见图17）。卡方检验 $p = 0.000$，表明城区学校、近郊学校、远郊学校存在显著差异。

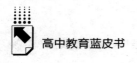

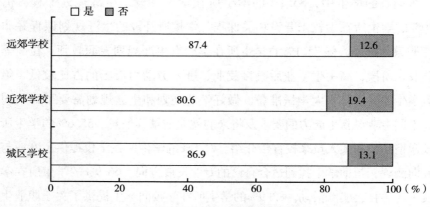

图 17 不同区域学校开设生涯规划课程情况对比

在配备生涯规划专职教师方面，城区学校比例最高（77.1%），其次为远郊学校（76.3%），近郊学校最低（70.5%）（见图18）。卡方检验 $p =$ 0.000，表明城区学校、近郊学校、远郊学校存在显著差异。

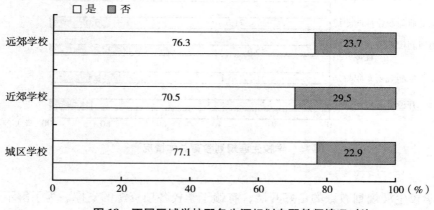

图 18 不同区域学校配备生涯规划专职教师情况对比

在邀请高校相关人员来校宣传介绍方面，城区学校比例最高（56.9%），其次为远郊学校（56.2%），近郊学校最低（52.6%）（见图19）。卡方检验 $p = 0.000$，表明城区学校、近郊学校、远郊学校存在显著差异。

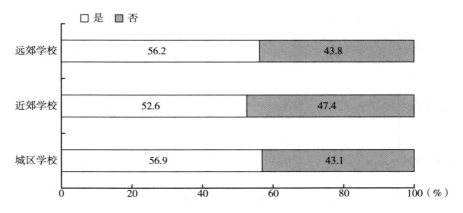

图19　不同区域学校邀请高校相关人员来校宣传介绍情况对比

　　在提供专业与职业性向测评方面，城区学校比例最高（72.2%），其次为近郊学校（69.4%），远郊学校最低（68.5%）（见图20）。卡方检验 $p=0.003$，表明城区学校、近郊学校、远郊学校存在显著差异。

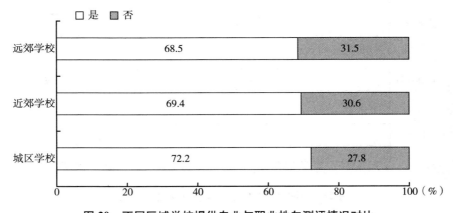

图20　不同区域学校提供专业与职业性向测评情况对比

　　在开展各种社会实践活动方面，远郊学校比例最高（69.7%），其次为城区学校（68.0%），近郊学校最低（63.5%）（见图21）。卡方检验 $p=0.000$，表明城区学校、近郊学校、远郊学校存在显著差异。

　　在提供咨询和帮助方面，城区学校比例最高（84.2%），其次为远郊学

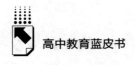

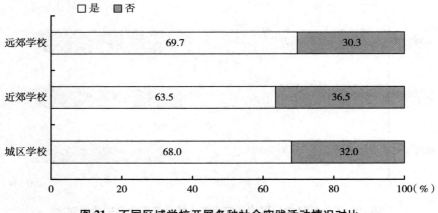

图 21　不同区域学校开展各种社会实践活动情况对比

校（83.8%），近郊学校最低（79.9%）（见图 22）。卡方检验 $p = 0.000$，表明城区学校、近郊学校、远郊学校存在显著差异。

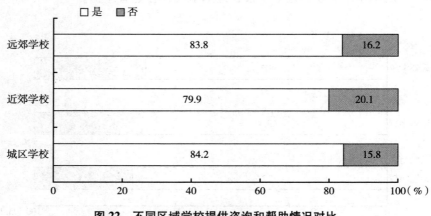

图 22　不同区域学校提供咨询和帮助情况对比

从以上分析可见，被调查的北京学生所在学校的生涯规划指导在各个方面均存在显著的城乡差异。我国基础教育实行地方负责、分级管理，强调省级统筹和以县为主，区县基础教育发展水平受到区域内社会因素的综合影响。[1] 在国

---

[1]　褚宏启：《教育治理：以共治求善治》，《教育研究》2014 年第 10 期，第 4~11 页。

务院发展研究中心、中国社会科学院联合发布的《中国公共服务发展报告2006》中，北京基础教育基准分数连续5年排名第一，成为全国唯一达到绩效等级A的城市。① 2015年，北京市16区县全部一次性通过国家义务教育发展基本均衡县（区）评估。② 近年来，为进一步推动教育优质均衡发展，北京大面积、大比例推行干部教师轮岗。2016年北京市教委印发《关于进一步推进义务教育学校校长教师交流轮岗的指导意见》③，2018年北京市教委、北京市财政局制定了《北京市城乡中小学校一体化发展项目管理办法》④，2022年3月北京市委教育工委、市教委就全面推进义务教育学校校长教师交流轮岗工作进行动员部署。⑤ 2022年，教育部办公厅公布全国义务教育优质均衡先行创建县（市、区、旗）名单，北京市东城、朝阳、密云3个区位列其中。⑥ 从全国范围来说，北京的基础教育质量和均衡程度都处于领先水平。据此可以推测，在全国范围内，学校生涯规划指导情况也很有可能存在显著的城乡差异。

4. 学生生涯规划认知总体情况与区域间对比

采用李克特7级量表（1为完全不符合，2为不符合，3为有点不符合，4为一般，5为有点符合，6为符合，7为完全符合）衡量学生生涯规划认知情况。4个题项如下。

---

① 《北京基础教育继续在全国领先唯一达到绩效等级A》，中国政府网，2008年9月23日，http：//www.gov.cn/govweb/jrzg/2008-09/23/content_1103498.htm。
② 《北京市16区县全部通过国家义务教育均衡认定》，中国政府网，2015年5月1日，http：//www.gov.cn/xinwen/2015-05/01/content_2856019.htm。
③ 《北京市教育委员会关于印发〈关于进一步推进义务教育学校校长教师交流轮岗的指导意见〉的通知》，北京市教委网站，2018年5月22日，http：//jw.beijing.gov.cn/xxgk/zxxxgk/201805/t20180522_1446339.html。
④ 《北京市教育委员会、北京市财政局关于印发〈北京市城乡中小学校一体化发展项目管理办法〉的通知》，北京市教委网站，2020年1月7日，http：//jw.beijing.gov.cn/xxgk/zfxxgkml/zfgkzcwj/zwgkxzgfxwj/202001/t20200107_1563025.html。
⑤ 《市委教育工委、市教委召开2022年北京市教师工作会议》，北京市教委网站，2022年3月11日，http：//jw.beijing.gov.cn/jyzx/jjxw/202203/t20220311_2628607.html。
⑥ 《教育部办公厅关于公布义务教育优质均衡先行创建县（市、区、旗）名单的通知》，教育部办公厅网站，2022年4月27日，http：//www.moe.gov.cn/srcsite/A06/s3321/202204/t20220427_622337.html。

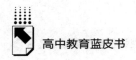

在选择考试科目过程中，以下叙述是否符合您的实际情况？

（1）清楚了解拟报考的大学和专业对选考科目的要求。

（2）清楚了解今后大学学习的情况。

（3）清楚了解大学专业的就业情况。

（4）对今后的职业发展方向有清楚的规划。

4个题项中只有"清楚了解拟报考的大学和专业对选考科目的要求"的均值超过了5，为5.34，介于"有点符合"与"符合"之间。其余3个题项的均值都未超过5，介于"一般"与"有点符合"之间（见表1）。总体而言，学生生涯规划认知水平有待提高。

表1　学生生涯规划认知描述统计（N=10621）

题项	最小值	最大值	均值	标准差
清楚了解拟报考的大学和专业对选考科目的要求	1	7	5.34	1.425
清楚了解今后大学学习的情况	1	7	4.91	1.490
清楚了解大学专业的就业情况	1	7	4.92	1.499
对今后的职业发展方向有清楚的规划	1	7	4.94	1.531

从学生生涯规划认知各个题项的情况来看，在"清楚了解拟报考的大学和专业对选考科目的要求"方面，选择"完全符合"与"符合"的学生占比较高，分别为25.9%和24.0%；在其他3个题项方面，选择比例最高的均为"一般"，其次为"有点符合"，超过一半的学生在这3个方面未选择"完全符合""符合"，尚未形成清晰认知（见图23）。

在"清楚了解拟报考的大学和专业对选考科目的要求"方面，城区学生均值最高（5.380），其次为近郊学生（5.280），远郊学生最低（5.230），并且在0.001水平上存在统计意义上的显著差异。在"清楚了解今后大学学习的情况"方面，城区学生均值最高（4.930），其次为近郊学生（4.910），远郊学生最低（4.830），但不同区域之间不存在统计意义上的显著差异。在"清楚了解大学专业的就业情况"方面，城区学生均值最高（4.940），其次为近郊学生（4.910），远郊学生最低（4.820），并且在0.05水平上存在统计意

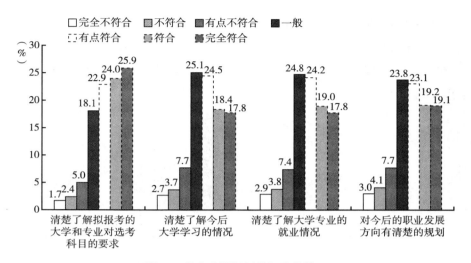

图 23　学生生涯规划认知总体情况

注：因四舍五入存在误差。

义上的显著差异。在"对今后的职业发展方向有清楚的规划"方面，近郊学生均值最高（4.950），其次为城区学生（4.940），远郊学生最低（4.890），但不存在统计意义上的显著差异（见表2）。

表 2　学生生涯规划认知差异

变量	城区（$N=6367$）		近郊（$N=3084$）		远郊（$N=1170$）		F 值	p 值	方差齐性检验显著值
	平均值	标准差	平均值	标准差	平均值	标准差			
清楚了解拟报考的大学和专业对选考科目的要求	5.380	1.406	5.280	1.435	5.230	1.495	9.264	0.000	0.152
清楚了解今后大学学习的情况	4.930	1.472	4.910	1.508	4.830	1.534	—	0.224	0.020
清楚了解大学专业的就业情况	4.940	1.485	4.910	1.511	4.820	1.541	3.299	0.037	0.081
对今后的职业发展方向有清楚的规划	4.940	1.527	4.950	1.541	4.890	1.522	0.796	0.451	0.826

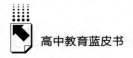

5. 学业规划的外部支持情况

在选择普通高中学业水平考试科目的过程中，不征求他人意见的学生占53.6%，征求他人意见的学生占46.4%。多数学生倾向于自己做出选考决定（见图24）。

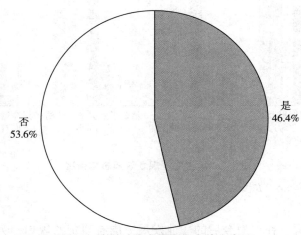

图24　选科过程中是否征求他人意见

在征求他人意见的学生中，最常见的征求意见对象是学校老师，占73.9%；其次为家人或亲属（70.0%）和朋友（44.5%）。向校外老师（如兴趣班或培训机构的老师、家教等）征求意见的学生占23.7%，向校外专门提供选考、报志愿或生涯规划指导的专业机构征求意见的学生占12.9%（见图25）。

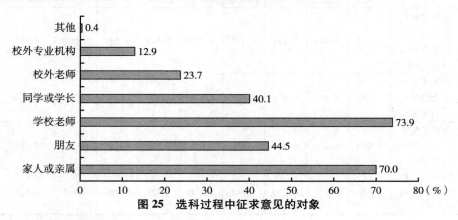

图25　选科过程中征求意见的对象

注：此题为多选题。

（三）校外的高中生生涯规划教育现状

1. 校外高中生生涯规划服务机构现状

2013 年 8 月 12 日，教育部网站转载《中国青年报》消息："根据我国劳动力人口基数，按 1000 人配备 1 名生涯规划师的比例，我国未来生涯规划师职业缺口为 87 万人。"① 近年来，随着教育改革的不断深入，越来越多的校外机构开始涉足高中生生涯规划领域。目前，我国提供高中生生涯规划服务的校外机构数量尚无确切统计。

从所提供的服务内容来看，目前我国提供高中生生涯规划服务的校外机构大致可以分为以下四类。

专注于高中生生涯规划的机构：这些机构通常由专业的教育咨询师和生涯规划师组成，提供全方位的生涯规划服务，包括自我认知、职业探索、生涯管理等方面。

提供高考志愿填报和选科建议的机构：这些机构通常会根据学生的成绩和职业规划提供有针对性的志愿填报建议和选科指导，帮助学生选择适合自己的大学和专业。

心理健康教育机构：这些机构通过提供心理健康教育和心理咨询服务，帮助学生更好地理解自我、探索兴趣和发掘潜能，并进行合理的生涯规划。

提供多元化服务的机构：这些机构的服务内容比较广泛，不仅包括生涯规划服务，还可能包括心理咨询、学科辅导、留学指导等服务。

从提供高中生生涯规划服务的校外机构主体来看，大致包括以下几类。

教育培训机构：这类机构主要提供高中生学业规划、各类学科辅导、学习方法指导、考试培训等服务，同时会为学生提供一些关于未来教育和职业选择的建议。

人力资源服务机构：通常提供就业指导、职业测评、生涯管理等方面的

① 《生涯规划师职业缺口 87 万》，教育部网站，2013 年 8 月 12 日，http：//www.moe.gov.cn/jyb_xwfb/s5147/201308/t20130812_155530.html。

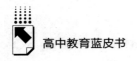

服务，帮助学生了解不同行业的工作内容、工作环境以及发展前景，从而做出符合自己兴趣和能力的职业选择。

社会团体、非营利组织和公益机构：这些机构一般通过举办讲座、研讨会等活动，分享各种职业经验和知识，提供高中生生涯规划的相关信息和指导，引导学生开阔视野、提升职业技能，帮助他们进行有效的生涯规划。

科技公司：一些科技公司也涉足高中生生涯规划领域，这些公司通常利用大数据和人工智能技术提供高中生学习辅导、智能推荐等服务。一些互联网平台也开始提供相关的在线服务，如在线测评、信息查询等。

个人咨询：一些专业的职业规划师或咨询师通过个人咨询的方式为学生提供个性化的职业规划帮助。

2. 对校外高中生生涯规划服务机构的监管

目前校外高中生生涯规划服务机构主要由教育、市场监督管理、人力资源和社会保障等部门进行监管。教育部门主要负责对这些机构提供的服务进行监管，包括对从业人员的资质、服务内容、服务质量等方面进行评估和管理。市场监督管理部门主要负责对这些机构的市场行为进行监管，包括对机构的注册登记、经营范围、服务质量等方面进行审核和管理。人力资源和社会保障部门主要负责对从业人员的职业资格认证、职业技能培训等方面进行审核和管理。

3. 校外高中生生涯规划服务机构师资要求

2021 年出台的《教育部办公厅　人力资源社会保障部办公厅关于印发〈校外培训机构从业人员管理办法（试行）〉的通知》明确了校外培训机构从业人员的资格条件和标准，要求"教学、教研人员应熟悉教育教学规律和学生身心发展特点，从事学科类管理培训的须具备相应教师资格证书，从事非学科类管理培训的须具备相应的职业（专业）能力证明"。

对于从事高中生生涯规划指导的职业（专业）能力证明，国家层面目前没有明文规定。人力资源和社会保障部 2021 年 11 月发布的《国家职业资格目录（2021 版）》不包括生涯规划师，专业技术人员职业资格包括教师资格，并且为准入类职业资格。目前，国内一些机构和组织会根据市场需求和行业标准，对从事高中生生涯规划指导的人员进行培训和认证，并授予相应的证书。这些机构和组织的认证标准和证书颁发流程可能存在差异，但通常要求申请者具备相关的专业背景、知识和技能，并经过相应的培训和考核。

三 新时代背景下高中生生涯规划
发展面临的关键问题

（一）高中生生涯规划能力总体不足并存在区域差异

1. 高中生生涯规划能力普遍不足

目前关于高考综合改革试点区的调查普遍表明，学生在高考选考科目的选择中存在盲目性和随意性。浙江省是 2014 年首批进入改革试点的省份，2017 年为浙江省新高考第一年。周佩灵等对浙江省 5 所高中学生的调查发现，44.6%的学生没有接受过生涯规划指导，学生的自主选择能力也有待提升，31.8%的学生所选科目不能体现个人素质和能力。[①] 刘宝剑针对首届参加浙江省新高考的高中生的调查发现，在选科时首先考虑"大学要求""今后用途"的学生分别仅占 8.39%、7.01%，选科的主要依据仍为"目前成绩""学科兴趣""学好某学科的信心"。[②] 邵光华等的研究也有相同的发现，他们对 2017 年首届新高考录取的大一新生的调查发现，21.9%的学生后悔选择的考试科目，1/4 的学生在选择考试科目之际没有充分考虑个人兴趣和未来职业规划，高考与职业规划联系较少，缺少长远考虑。[③] 竺丽英等

[①] 周佩灵、王萌萌：《新高考背景下高中生高考科目选择问题探析——基于浙江省五所高中的调查研究》，《现代基础教育研究》2019 年第 2 期，第 158 页。

[②] 刘宝剑：《关于高中生选择高考科目的调查与思考——以浙江省 2014 级学生为例》，《教育研究》2015 年第 10 期，第 147~148 页。

[③] 邵光华、吴维维：《我国高考招生制度综合改革的成效与问题研究——基于浙江省 2017 年高考录取学生的调查》，《中国高教研究》2018 年第 6 期，第 53 页。

于 2017 年 4 月对浙江省 2 个地市 3 所中学 110 名学生的调查发现，学生在选科时考虑生活、学习等发展需求的不到 10%，选考科目与预选专业匹配的占 51.0%，其中非常匹配的占 36.6%，基本匹配（一门或两门选考科目与预报专业基本合适，但其他科目不够合适）的占 14.4%，并且最好的学校的匹配度最高（78.6%）。[①] 以上结果表明，作为首批高考综合改革试点区，浙江省的生涯规划指导状况和效果都不尽如人意。

在浙江省之后，其他各批次开启高考综合改革试点的省份的生涯规划指导状况普遍不理想，效果也不太令人满意，没有达到预期的普遍提高学生选科能力的目的。天津为第二批高考综合改革试点区，庞茗萱等对天津学生的调查显示，学生的生涯规划水平总体有待提高；从各维度的得分来看，大部分高中生能够做到自我了解，但职业认知水平一般，对大学专业的了解程度更低，高中生生涯决策水平有待提高，虽然有生涯规划的意识，也对生涯规划教育比较认同，但缺少实际进行生涯决策的行动力。[②] 江苏省于 2018 年成为第三批高考综合改革试点区。阳韬对 2021 年江苏省首届新高考录取的大一新生的调查发现，有较明确生涯规划的学生更明确自己要选考的科目组合，并能在志愿填报时选择符合自己生涯规划的专业；但有 37.5% 的学生填报志愿时没有明确的生涯规划。[③]

被纳入第四批高考综合改革试点区的 7 省份（吉林、黑龙江、安徽、江西、广西、贵州、甘肃）将于 2024 年迎来新高考第一批考生，第五批 8 省份（山西、内蒙古、河南、四川、云南、陕西、青海、宁夏）将于 2025 年迎来新高考第一批考生。目前关于这两个批次省份的高考选科及生涯规划指导的研究较少。

---

① 竺丽英、王祖浩、全微雷：《高中生新高考科目选择行为的影响因素分析——基于 NVivo 的质性分析》，《中国考试》2019 年第 5 期，第 25 页。
② 庞茗萱、高维：《新高考背景下高中生生涯教育现状调查——以天津市 F 中学和 M 中学为例》，《教育导刊（上半月）》2020 年第 7 期，第 30~38 页。
③ 阳韬：《江苏高考综合改革实施效果的调查研究》，《中国考试》2022 年第 7 期，第 54~55 页。

2. 高中生生涯规划能力存在城乡差异

早在高考综合改革实施之前，城乡学生在学业认知与规划上就存在显著差异。叶宏对某省 2006~2010 年的高考考生的分析显示，城乡考生在高考得分、学科知识掌握、学科能力掌握、认知目标上存在明显差异。[①] 高考综合改革实施之后，城乡之间在生涯规划上的差距仍然存在，一些学者认为这种差距有拉大的趋势。林小英等研究发现，县级中学生源大部分来自农村，学生在家庭背景、学业基础、学习习惯、学习投入、竞争意识和职业规划方面都处于弱势地位，学生在高考选科上较为迷茫和随意，学生家长也没有能力为子女提供更好的教育选择。[②]

杜芳芳等于 2015 年在浙江省选取不同地域的 5 所高中，向高一学生发放调查问卷，455 份问卷结果显示：来自省会城市以及地级市的学生相比来自县级市、乡镇与村的学生，对将要选考的科目有更明确的目标。[③] 黄碧玲在高考综合改革实施后对福建省莆田市 3 所省一级达标校高一年级新生的抽样调查显示，农村户口学生的生涯成熟度及教育认知和学业适应能力显著低于城镇户口学生。[④]

（二）生涯规划课程建设有待加强

要做好学业规划与职业规划，高中生需要对自我定位、学业状况、未来发展有一定的认知，包括明确自己的学习成绩与学习状态、学科兴趣与专长、学好某学科的信心、学校优势课程和师资现状、大学的招生录取要求、所选科目今后的用途和未来的就业方向等。高中生生涯规划能力普遍不足的现状，与目前生涯规划课程开课率不足、课程质量有待提高有关。

[①] 叶宏：《高考的城乡差异及对策研究》，《中国高教研究》2011 年第 4 期，第 23~25 页。

[②] 林小英、杨蕊辰、范杰：《被抽空的县级中学——县域教育生态的困境与突破》，《文化纵横》2019 年第 6 期，第 100~108、143 页。

[③] 杜芳芳、金哲：《新高考改革背景下高中生科目选择意向现状及对策——基于浙江省五所高中的调查分析》，《教育理论与实践》2016 年第 8 期，第 15~18 页。

[④] 黄碧玲：《新高考背景下高一年级新生生涯成熟度调查研究》，《福建教育学院学报》2021 年第 11 期，第 124~127 页。

崔海丽等对某"强基计划"试点高校2020级和2021级本科新生的调查发现，只有60%的被调查学生在高中阶段参加过生涯教育活动，并且只有17.3%的被调查学生认为生涯教育对个人非常有帮助。[①] 李晓烽等对福建省11所中学1886名高中生的调查显示，超过90%的学生对于职业生涯规划感兴趣以及认为其重要，但仅有60%的高中学校开设专门的"职业生涯规划课程"。[②]

学校的生涯规划教育有助于缩小不同群体间的生涯规划能力差距。鲍威等基于2017年浙江省高考综合改革调研数据的分析表明，高中学校开展的生涯规划教育以及升学指导可以显著提升弱势阶层学生的高考分数，缩小弱势阶层与优势阶层之间的升学信息鸿沟，增加弱势阶层子女的升学机会。[③]

目前，各省份高中学校的生涯规划课程建设普遍有待加强。王新凤对北京高考综合改革保障条件的调查发现，学生、教师和家长对生涯规划教育的师资和课程资源保障情况认可度较低，[④] 生涯规划指导情况也不令人满意。阳韬对江苏省首届新高考学生的调查显示，仅有41.8%的学生认为高中学校的生涯规划课程较为完善，省级示范高中学生对生涯规划教育的认可度高于普通高中学生；37.2%的学生认为高中学校的生涯教育课程内容相对空泛，对自己生涯发展没有帮助。[⑤] 安徽于2021年启动高考综合改革试点，马林等对安徽3所中学的调查表明，虽然老师和学生普遍认识到了生涯规划指导的必要性，但是生涯规划指导途径单一，课程设置单调。[⑥]

[①] 崔海丽、朱红、马莉萍：《高中生涯教育对学生未来规划清晰程度的影响——以强基新生为考察对象》，《教育发展研究》2022年第10期，第73页。

[②] 李晓烽、谢琼：《新高考视域下福建省生涯规划教育体系构建》，《福建商学院学报》2020年第2期，第81~88页。

[③] 鲍威、金红昊、肖阳：《阶层壁垒与信息鸿沟：新高考改革背景之下的升学信息支持》，《中国高教研究》2019年第5期，第39~48页。

[④] 王新凤：《我国高考综合改革的实施效果跟踪研究——以北京为例》，《现代教育管理》2021年第8期，第30页。

[⑤] 阳韬：《江苏高考综合改革实施效果的调查研究》，《中国考试》2022年第7期，第54~55页。

[⑥] 马林、谢莉、徐群：《高中生涯规划指导的系统性与有效性探究——基于对安徽若干所高中的调研》，《安徽师范大学学报》（人文社会科学版）2019年第5期，第148~157页。

（三）高中生生涯规划师资不足

虽然国家层面和地方层面的政策都提出要建立健全学生发展指导制度，建立专职与兼职相结合的学生发展指导教师队伍，但在实际情况中，高中生生涯规划教师在数量上严重不足，在水平上也有待提高。学校常常把生涯规划教育工作交给心理健康组或德育组教师，有些学校甚至把生涯规划教育窄化为高考选科指导。[1] 实际上，对高中生开展生涯规划指导所需的绝不仅是心理健康和德育方面的素养，学校的师资配备在数量上无法满足生涯规划课程需要，在师资水平上也难以完全符合学生发展需要。

校外的教育辅导机构对学生的生涯规划、自我认知、心理建设方面的指导能力也有待提高。徐劲等通过对某省多家连锁教育机构的走访了解到，半数教师认为自己缺乏生涯规划指导方面的能力。[2] 近年来，迅速兴起的各种生涯规划指导机构，针对学生的专业选择、职业规划等进行指导，不少家长趋之若鹜，但指导质量参差不齐。高中生生涯规划师资的不足，导致生涯教育在校内的窄化和在校外的异化。

四　高中生生涯规划发展前景展望

（一）研究制定国家生涯规划教育指导标准

目前，我国的高中生生涯规划教育还处于起步阶段，虽然相关研究日益丰富，但是还没有系统完善的实施方案，尚未出台国家层面的生涯发展指导纲要，缺少统一、明确、规范的生涯规划教育指导目标与评价标准。部分省份虽然近年来在生涯规划教育方面取得了一些探索与实践的成果，但也缺乏

---

[1] 梁惠燕：《我国当前中小学生涯教育实施的问题与对策》，《教育理论与实践》2019 年第 17 期，第 18~20 页。

[2] 徐劲、于欧洋：《高考改革环境下新教培机构的发展研究》，《中外企业家》2020 年第 16 期，第 212~213 页。

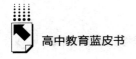

明确的标准，各学校基本各自为政，生涯规划教育水平参差不齐。因此，制定国家生涯规划教育指导标准迫在眉睫。

从国际情况来看，英国、美国、澳大利亚等国都有相应的国家标准。英国政府于2017年颁布了《生涯战略：充分利用每个人的技能与天赋》（*Careers Strategy*：*Making the Most of Everyone's Skills and Talents*）（以下简称《生涯战略》）①，旨在保障不同群体接受生涯教育的权利，着重强调青少年（12～18岁）的生涯教育，保证中学生受到公平高效的生涯规划指导，从而促进英国生涯教育的发展。同时，《生涯战略》还提出建立世界一流生涯规划指导体系的长期计划，确保学生获得稳定的生涯规划指导，保障其选择适合自己的职业。②

1987年，美国通过国会立法专门成立了跨部门的联邦机构"国家职业信息协调委员会"（National Occupational Information Coordinating Committee，NOICC）。该机构由美国劳动统计局、雇佣和培训管理局、职业和成人教育办公室、教育统计中心联合成立，开发基于计算机的数据库及信息传播系统，为全国提供职业、就业与培训资讯，与州职业信息协调委员会（State Occupational Information Coordinating Committees，SOICC）合作，为各阶段的职业生涯教育提供帮助，并于1989年颁布了《国家生涯发展指导方针》，为各州的中小学生涯教育课程开发提供了标准，提倡从6岁开始生涯规划，为全美的生涯教育提供了规范，明确了面向小学、初中和高中阶段的目标和能力标准。③ 1994年，美国成立了国家技能标准委员会（National Skill Standards Board，NSSB），负责确定广泛的生涯集群，取代传统的职业类别划分，并为每个生涯集群提供标准、评估和认证。④

① *Careers Strategy*：*Making the Most of Everyone's Skills and Talents*，14th December 2017，https：//assets. publishing. service. gov. uk/media/5a822a5c40f0b6230269b2f3/Careers_strategy. pdf.
② 潘黎、段琼：《英国中学生涯教育新变革特征、效应及启示》，《比较教育研究》2020年第3期，第83～88页。
③ 苏红：《生涯教育：从关注学业到关怀人生——美国以职业为导向改造教育体系的探索》，《光明日报》2021年1月28日，第14版；刘海霞、苏永昌：《美国生涯教育课程理念及其启示》，《当代职业教育》2020年第1期，第42～48页。
④ 苏红：《生涯教育：从关注学业到关怀人生——美国以职业为导向改造教育体系的探索》，《光明日报》2021年1月28日，第14版。

澳大利亚政府将生涯教育纳入国家战略，积极为生涯教育的发展提供资金、政策和法律方面的支持与保障。澳大利亚教育法中的"职业发展纲要"对职业生涯教育的内容以及考核方式等做出了明确规定。1999年，澳大利亚各州教育部长共同签署了《21世纪国家学校目标宣言》（也称《阿德莱德宣言》），明确规定了义务教育阶段的学生应当接受各类职业学习和培训，理解职业生涯的规划及实现途径。① 在2013年施行的《国家生涯发展战略》（*National Career Development Strategy*）的基础上，2019年2月，澳大利亚教育、技能和就业部颁布了《未来准备：以学生为中心的国家生涯教育战略》（*Future Ready：A Student Focused National Career Education Strategy*），明确了职业生涯教育的内容、实施要求、实施主体等，为生涯教育的开展提供政策性指导。②

（二）建立学校、家庭、社会共同参与的生涯规划指导系统

《中华人民共和国国民经济和社会发展第十四个五年规划和2035年远景目标纲要》提出"健全学校家庭社会协同育人机制"。高中生生涯规划的政策执行要依托政府、学校、家庭、社会、个人共同构成的整体系统，缺一不可。③

中学是生涯规划指导系统中最直接也是最重要的力量。面向校内，中学可以通过建立生涯规划导师制、加强学科教育与生涯规划教育融合渗透等措施，提升生涯规划教育的师资水平与课程质量。生涯规划导师制在美国、英国、加拿大、澳大利亚等很多国家都已实施。20世纪90年代末，国内一些

---

① 路俊怡、胡弼成：《中国与澳大利亚生涯教育比较研究及启示》，中国高校人文社会科学信息网，2023年11月12日，https://www.sinoss.net/uploadfile/2021/0419/20210419101502339.pdf。
② 潘黎、曹鑫：《澳大利亚生涯教育新动态——"为学生未来而准备"国家生涯教育战略实施》，《比较教育研究》2021年第6期，第58~64页；路俊怡、胡弼成：《中国与澳大利亚生涯教育比较研究及启示》，中国高校人文社会科学信息网，2023年11月12日，https://www.sinoss.net/uploadfile/2021/0419/20210419101502339.pdf。
③ 刘健、焦冰欣、王伟：《新高考改革背景下高中生涯规划协同治理模式研究》，《芜湖职业技术学院学报》2019年第4期，第86~89页。

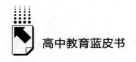

普通高中开始率先实行生涯规划导师制。① 目前国家层面和地方层面的学生发展指导相关政策均要求建立专业的学生发展指导教师队伍，但是生涯规划教育的准入资格、课程目标与课时要求、考核评价标准等均缺乏配套的具体政策，需要从政策层面对生涯规划导师提出明确要求。

高中阶段各个学科的课程资源中蕴含丰富的生涯规划教育资源。例如，《普通高中生物课程标准（2017 年版 2020 年修订）》要求"生物学教学还应注意介绍相关的职业现状和发展趋势，为学生选择学习和职业方向奠定必要的基础"。高中生物的选修课程中设有"职业规划前瞻"部分，该部分分为"生物制药""海洋生物学""食品安全与检疫""职业病与防控""园艺与景观生态学""环境友好与经济作物""生物资源开发与利用""本地受胁物种保护"8 个模块，每个模块为 1 学分。在高中生物的必修教材中，也开设了"与生物学有关的职业""生物科学史话""科学家访谈"等栏目。

面向校外，中学应当在政府相关政策的指导与支持下，密切与高校、家庭、社会之间的联系，形成由政府牵头、"中学—个人—高校"一体、家庭与社会共同参与生涯规划教育的模式。② 高中生生涯规划教育中的职业体验、建立生涯规划教育实践基地、开发高质量的生涯规划指导课程都需要引入社会力量。专业学会在国外生涯发展与辅导领域扮演着重要角色，可以通过专业学会整合高校和研究机构中的专业人才。

（三）大力优化数字化技术下的生涯规划指导服务

目前，我国缺乏专业的职业信息收集机构，中学难以获得全面、准确、即时的职业信息，在对学生进行生涯规划指导时，也难以使学生了解到相关职业的整体情况。③ 对高中生的学业生涯指导也缺乏基于评价数据的可靠分

---

① 姚晓岚：《高中成长导师"突围"之路》，《中国德育》2020 年第 7 期，第 66~68 页。
② 刘健、焦冰欣、王伟：《新高考改革背景下高中生涯规划协同治理模式研究》，《芜湖职业技术学院学报》2019 年第 4 期，第 86~89 页。
③ 行甜甜、张利荣：《新高考背景下高中生生涯规划教育的重新思考》，《黑龙江教师发展学院学报》2020 年第 3 期，第 69~71 页。

析，大多依赖班主任或任课教师对学生的主观判断。对学生职业兴趣或倾向的测评，也多采用单一的心理测评工具，缺少将学生心理测评结果与教育评价结果、职业需求数据相结合的综合分析。未来可以借鉴国际经验，大力优化数字化技术下的生涯规划指导服务。

澳大利亚通过指定网站、设计数字平台、制定评估工具等渠道管理生涯教育信息。为了便于人们从纷繁复杂的信息中找到自己所需的准确、权威的信息，政府采取指定各个网站所提供信息的门类、精简并加强生涯发展咨询、基于用户需求开发以生涯规划为重点的数字平台、运用"学校自我评估工具"（Self-assessment Tool for Schools）帮助学校审查职业教育和培训方案等措施。澳大利亚还充分利用网络虚拟信息技术，通过"虚拟工作体验计划"为高中生提供与行业主管和团队成员一起工作的机会，帮助学生发展团队合作、沟通、谈判和适应力等关键的生涯技能，获取工作经验。[①]

在美国，专业考试机构会面向不同群体提供生涯教育测评服务，其中比较有影响力的有美国大学入学考试（American College Test，ACT）部门开发的 DISCOVER 项目和美国教育考试服务（Educational Testing Service，ETS）中心开发的 SIGI-PLUS 生涯指导工具。DISCOVER 项目是一个测评系统，通过一系列的测评来促进学生进行自我认知和生涯探索，测评主要以心理测量的方法和技术开展，测评内容包括与职业有关的兴趣、能力和工作价值观等。SIGI-PLUS 生涯指导工具是一个基于计算机的生涯指导系统，在教育领域主要用来帮助学生更好地了解自己并且做出理性的学业生涯选择，如选择合适的大学专业。SIGI-PLUS 系统包括 8 个部分，分别是自我评估、职业搜寻、职业信息、技能探索、技能准备、指导与帮助、职业决策、后续指导。[②]

①　潘黎、曹鑫：《澳大利亚生涯教育新动态——"为学生未来而准备"国家生涯教育战略实施》，《比较教育研究》2021 年第 6 期，第 58~64 页。
②　苏红：《生涯教育：从关注学业到关怀人生——美国以职业为导向改造教育体系的探索》，《光明日报》2021 年 1 月 28 日，第 14 版。

随着科技的进步、社会的发展和高考综合改革的深化，积极推进高中生生涯规划教育已经成为必然需要。它不仅关系个人的未来发展方向，也是促进社会人才培养和经济发展的重要基石。新时代背景下，解决目前普通高中生生涯规划面临的关键问题，需要在国家政策引领下，继续加强研究、凝聚共识，汇集家庭、学校和社会各界的力量，通过科学的规划和不懈的努力，让每一位学生都能找到适合自己的发展道路，实现个人价值，为社会的发展做出贡献。

专题篇

B.2
战略管理视角下普通高中生涯教育实施路径研究

薛海平　杨立卫*

摘　要： 新高考、新课程背景下，生涯教育已成为高中生的重要诉求，如何有效地实施生涯教育是普通高中面临的巨大挑战。构建"战略规划—战略实施—战略评价"生涯教育战略管理分析框架可以为普通高中实施生涯教育提供参考依据，其中，做好包含战略使命和目标、战略分析、战略选择的生涯教育战略规划是基本要求，健全包含战略管理机构、战略管理制度、战略目标管理和战略资源管理的生涯教育战略实施体系是保障手段，完善包含战略规划、战略实施和战略结果评价与反馈的生涯教育战略评价机制是优化方式。

关键词： 普通高中　生涯教育　战略管理

---

* 薛海平，首都师范大学教育学院教授、副院长、博士生导师，首都师范大学中小学生校外教育研究院院长，全国校外教育培训监管专家委员会政策咨询分委会委员，主要研究方向为教育经济学、教育管理学、教育政策、校外教育等；杨立卫，首都师范大学教育学院硕士研究生，主要研究方向为中小学生涯教育。

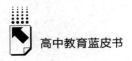

信息化时代之下，社会环境发生着天翻地覆的变化，未来就业环境和职业类型变幻莫测，高中生要想适应未来生活就必须提高在不确定环境中的选择和适应能力。普通高中阶段，学生正处于生涯发展的探索期，他们需要通过一定的学习和实践逐步建立对环境的正确认知和对自我的清晰定位，树立恰当的学业和职业理想，做出合理的生涯规划和人生重大选择。[①] 因此生涯教育对高中生的优质成长和长远发展显得尤为重要，特别是在 2014 年"新高考"改革和 2018 年高中新课程方案发布之后，高中生被要求能够自主选择适合自己的高考选考科目，能够为适应社会生活和未来教育做准备，能够促进自身全面个性发展并为终身发展奠定基础，这也使得生涯教育成为普通高中必须开展的内容。[②] 我国普通高中生涯教育发展时间较短，现有实践探索和理论研究较少从战略管理视角关注普通高中生涯教育实施路径，还没有形成统一的指导标准和管理体系，如何系统科学地组织实施生涯教育也成为普通高中面临的重要挑战。

解决以上问题的关键在于厘清生涯教育管理过程中各个要素之间的内在联系及内涵。本报告通过分析战略管理与生涯教育的适切性来构建普通高中生涯教育战略管理分析框架，然后对该框架内生涯教育战略规划、生涯教育战略实施和生涯教育战略评价 3 个维度中的各个要素展开内涵分析，最终从战略管理视角探寻逻辑清晰、内涵合理的普通高中生涯教育实施路径。

一　战略管理在普通高中生涯教育中的应用价值

建构系统的生涯教育战略管理分析框架，首先要明确战略管理与生涯教育的适切性。生涯教育的主要目的是培养学生在变化环境中的选择和生存能

---

① 王爱芬、雷晓：《新高考改革背景下高中生涯规划教育及其实现路径》，《教育理论与实践》2018 年第 1 期，第 33~37 页。

② 顾雪英、魏秀善：《新高考背景下普通高中生涯教育：现实意义、价值诉求与体系建构》，《江苏高教》2019 年第 6 期，第 44~50 页。

力，使其能够长远个性发展；战略管理的主要特点包括未来导向、长远全局谋略、发现优势劣势、持续循环、由外向内①，这些特点不仅能够满足生涯教育的基本要求，而且对开展生涯教育过程中的方案制定、实施、控制和修整等管理措施起到诸多重要作用。②

（一）增强管理者对生涯教育的战略分析意识

社会系统中封闭的"个体"无法长久存活，任何组织、任何活动都需要与外界环境不断交互才能生存发展③，生涯教育更是与社会环境息息相关，当社会结构和经济形势发生变化时，学校的生涯教育目标、内容和方式也要随之调整。当前大多数学校管理者依然遵循操作性管理理念，过多关注组织内部问题，忽视组织外部变化，从而导致生涯教育与社会需求脱钩。④战略管理理论要求管理者实时关注组织内外部环境变化，对当下环境态势进行评判分析并及时调整实施策略。只有拥有较强的战略分析意识，管理者才能确保学校生涯教育符合国家要求、社会需求、学生诉求。

（二）推动生涯教育长期、稳定、持续发展

普通高中生涯教育帮助高中生积极成长并为未来职业发展和社会生活做准备，是一种眼光看向未来的长远性教育活动。这种属性要求学校管理者在制定生涯教育方案时必须长远规划，通过运用战略管理理论自身的全局性、长远性对学校生涯教育发展所需的内外部环境进行综合分析，最终制定出长期、稳定、持续发展的生涯教育战略规划。⑤

---

① 陈振明主编《公共部门战略管理》，中国人民大学出版社，2004，第39页。
② 甘琼英：《论战略管理思想在学校管理中的运用》，《贵州教育学院学报》（社会科学）2006年第1期，第16~19页。
③ 高书国：《教育战略规划研究——复杂—简单理论》，博士学位论文，北京师范大学，2007。
④ 熊川武：《学校"战略管理"论》，《高等师范教育研究》1997年第2期，第35~39、71页。
⑤ 高洪源：《学校战略管理》，重庆大学出版社，2006，第31页。

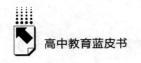

（三）促进生涯教育成为学校的核心竞争力

当前教育改革背景下，各学校都有一定的自主发展权，同时人民对优质学校有了较高需求。在此背景下，管理者如何使学校脱颖而出已经成为学校优质发展的优先考虑问题。① 现阶段国家层面尚未出台相关政策文件对普通高中生涯教育的实施做出统一标准和规定，学校自身对于生涯教育的理解和管理有较强自主性，地区间、学校间生涯教育发展水平也参差不齐。战略管理的核心思想是通过对组织内外部环境和资源进行分析，制定出具有组织自身优势、能够与其他组织抗衡、最终可以胜出的发展规划，所以管理者应充分利用战略管理优势，将生涯教育打造成学校的核心竞争力。②

二　普通高中生涯教育战略管理分析框架的构建

战略管理是一种可以决定组织未来发展方向且执行能够达成该组织既定目标的相关决策的过程，克拉克-希尔和基思·格莱斯特认为这个过程包括战略规划、战略实施和战略评价三个阶段。③ 第一阶段最为重要的是对组织内外部环境进行 SWOT 分析④，通过对分析结果的识别、评估和选择，最终确定最符合组织发展水平的战略规划；第二阶段的关键在于如何达到目标，这里要着重关注组织结构的合理性、人员安排的适配性以及管理制度的有效性；第三阶段是关系组织能否达到战略目标的重要步骤，通过对战略方案的评价、战略实施过程的评价以及战略结果的评价来对战略管理过程进行及时反馈和调整。⑤

---

① 谭斌：《高等学校战略管理：理论与模式研究》，硕士学位论文，山东师范大学，2006。
② 张东娇等：《学校管理学》，北京师范大学出版社，2014，第52~53页。
③ 〔英〕科林·克拉克-希尔、基思·格莱斯特编《战略管理案例（第二版）》，余慕鸿等译，经济管理出版社，2000，第3页。
④ SWOT 分析即基于内外部竞争环境和竞争条件，分析与研究对象密切相关的优势、劣势、机会和威胁。
⑤ 〔美〕希尔、〔美〕琼斯、周长辉：《战略管理（中国版）》，孙忠译，中国市场出版社，2007；张东娇等：《学校管理学》，北京师范大学出版社，2014，第59页。

生涯教育中，使用这一系列的战略管理手段可以较好地保证生涯教育实施的有效性、科学性和系统性，如图 1 所示。

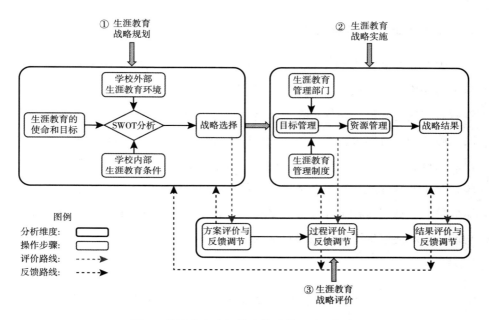

图 1　普通高中生涯教育战略管理分析框架

（一）生涯教育战略规划阶段

首先根据学校整体发展情况和生涯教育真实内涵确定学校开展生涯教育的使命和目标，然后对与学校生涯教育发展相关的外部环境和内部条件进行分析，最后根据自身优势和外部机会选择与学校自身匹配的生涯教育发展策略。

（二）生涯教育战略实施阶段

首先，设立专门负责生涯教育的部门来管理运作生涯教育相关工作，同时建立一套运营管理制度，保障该部门的正常运行。其次，在部门和制度的双重保障之下，把生涯教育发展的战略目标进行细化，分解成可衡量、可具

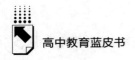

体操作的小目标。最后，根据不同的目标和任务去合理匹配相应的教师、课程、设备、财务等资源。

（三）生涯教育战略评价阶段

生涯教育战略管理不是单向前进的，而是在无数次"评价—反馈—调节—再评价—再反馈—再调节"的循环中前进的。第一步，在战略规划制定后对其进行评价，当规划有误时需进行分析调整。第二步，对生涯教育战略实施过程进行评价，其目的是发现内外部环境变化对当前行为造成的影响以及执行过程中的不合理现象，然后对战略规划和实施过程进行调节。第三步，对生涯教育战略实施结果进行评价，主要反映战略规划的效能和目标的达成情况。这三步在生涯教育战略管理过程中循环往复，共同实现反馈调节功能，不断促进生涯教育战略目标的达成。

三　普通高中生涯教育战略管理实施路径分析

（一）做好生涯教育战略规划是基本要求

1. 生涯教育战略使命和目标

战略使命反映组织存在的意义和长期发展方向[1]，战略目标是组织为达到一定效果而制定的可实现的期望，一般要具有宏观性、长期性、可分解性和可挑战性。[2] 对于普通高中而言，既要准确把握生涯教育的内涵，又要关注生涯教育为学校带来的价值；既要考虑生涯教育的社会责任，又要兼顾学校的核心竞争力。从服务主体上看，生涯教育首先服务学生，其次服务学校，因此普通高中生涯教育的战略使命和目标要涵盖学生和学校两个方面。

2010~2023 年，国务院、教育部及地方教育主管部门先后发布多个涉

---

[1]　李春波主编《企业战略管理》，清华大学出版社，2011。
[2]　〔美〕彼得·德鲁克：《管理的实践》，齐若兰译，机械工业出版社，2018。

及生涯教育的文件，其基本要求皆为"着眼于学生现实成长和特殊升学需求，培养他们对人生的初步规划和选择能力；要面向未来，培养学生适应未来职业需求和职业变化的核心能力与品质"①。在这一时期，随着社会的变革，教育资源不断向大中城市聚拢，偏远地区的优质教育资源不断减少，因此形成"县中塌方"等一系列学校生存问题。基于此，普通高中既要完成对未来社会所需"全能"人才的培养，又要着力将生涯教育打造成助力学校生存发展的核心竞争力。

2. 生涯教育战略分析

学校在进行生涯教育战略分析时，要收集学校外部与生涯教育相关的国家政策、社会需求等信息，以便发现潜在的生涯教育发展机会和威胁，研判学校内部可提供的生涯教育发展资源、制度等，从而识别现存优势和劣势，通过综合分析内外部信息来选择生涯教育发展最优策略。

（1）学校外部环境和形势分析

任何组织和系统都不是孤立存在的，不仅受社会环境的影响，而且时刻影响着社会环境，生涯教育更是如此，其培养目的和培养方式无时无刻不受社会环境影响。因此，在制定学校生涯教育战略规划时必须考虑学校外部环境，通过分析外部环境中的政治、经济、社会、科技等因素发现学校生涯教育面临的机会和威胁，尽可能做到趋利避害。

（2）学校内部环境和资源分析

认真研判学校内部与生涯教育相关的资源性要素（如教师资源、财政资源、场地设施资源、特殊政策资源、社会人脉资源等）、管理性要素（如专门的管理机构、组织架构、管理制度、运行机制、奖惩机制等）、能力性要素（如教师的教育教学及研发能力，管理者的组织协调能力、统筹规划能力、评价和反馈调节能力等）可以让管理者清晰把握学校自身定位、资源配置和发展潜力等情况，充分认识学校生涯教育发展的优势和劣势，从而

---

① 刘静：《高考改革背景下高中生涯规划教育的重新审视》，《教育发展研究》2015 年第 10 期，第 32~38 页。

能够集中优势资源将生涯教育打造成有利于学校持久发展的核心竞争力。①

3. 生涯教育战略选择

在明确学校生涯教育相关环境信息后，如何做出合理选择变得尤为重要。战略管理领域中通常会使用海因茨·韦里克提出的 SWOT 分析法，该方法将外部环境中的机会与威胁和内部环境中的优势与劣势组成 2×2 的矩阵，并形成 SO、ST、WO 和 WT 四种战略组合②，如表 1 所示。

表 1　生涯教育战略选择模型

内外部环境	机会 （Opportunity）	威胁 （Threat）
优势（Strength）	SO	ST
劣势（Weakness）	WO	WT

对于学校生涯教育而言，以上四种战略中的 SO 战略是"上上策"，属于增长型战略，它可以充分利用内外部有利因素，将资源和机会同时运用在生涯教育上，大大促进学校核心竞争力的提升；WT 战略是"下下策"，属于防御型战略，旨在保护学校生涯教育免受不利因素的冲击并尽可能在维持现状的基础上取得进步；WO 战略和 ST 战略的适用度介于 SO 战略和 WT 战略，它们各有一方面有利因素和一方面不利因素，只有最大限度地发挥有利因素的价值、最小化不利因素的影响，才能促进学校生涯教育的发展。③ 因此，不同学校在进行生涯教育的战略选择时要认真分析自身条件和外界环境影响，根据不同情况选择以上一种或者多种战略来促进学校生涯教育持久发展。

---

① 程振响、刘五驹：《学校管理新视野》，南京师范大学出版社，2003，第 70~71 页。

② 张爱邦：《SWOT 分析法及其在高校管理中的应用》，《沈阳工程学院学报》（社会科学版）2006 年第 4 期，第 471~473 页。

③ 吕占相：《SWOT 分析法在学校战略管理中的应用》，《继续教育》2010 年第 2 期，第 22~24 页；刘昕：《我国高等学校发展战略的 SWOT 分析》，《现代教育科学》2011 年第 1 期，第 127~130 页。

（二）健全生涯教育战略实施体系是保障手段

1. 生涯教育战略管理机构

因普通高中生涯教育涉及教务管理、心理咨询、生涯活动、课程教研等内容，其任务属性与矩阵型组织结构的特点比较吻合，所以其组织架构可以设置纵向的职能领导系统和横向的同一项目管理系统。[1] 从职能层面来看，普通高中生涯教育的实施需要有负责拟定教务规划和监督工作执行的行政部门（办公室），还需要有负责具体任务分配和人力资源协调的行政部门（教务处）。此外，生涯教育的特殊性使其常常需要大量的校内场地、设备、物料等资源以及社会资源，因此还要专门设立一个负责资源开发和匹配的行政部门（调度处）。[2] 从项目层面来看，根据普通高中生涯教育内容特点可以将其分为负责帮助学生进行自我认知的心理咨询中心、负责教学编排和组织相关活动的教育教学中心、负责职业体验与科研参访的实践探索中心以及负责课程研发和教师能力提升的研发进修中心。[3] 职能层面的各个部门和项目层面的各个中心所组成的生涯教育战略管理机构模型如表 2 所示。

表 2　生涯教育战略管理机构模型

项目中心（Subject）和职能部门（Function）	办公室（F1）	教务处（F2）	调度处（F3）
心理咨询中心（S1）	S1F1	S1F2	S1F3
教育教学中心（S2）	S2F1	S2F2	S2F3
实践探索中心（S3）	S3F1	S3F2	S3F3
研发进修中心（S4）	S4F1	S4F2	S4F3

该模型明确划分了横向 3 个职能部门和纵向 4 个项目中心，二者交叉形成 12 种不同的组合。这样的组织方式可以避免传统组织内各部门工作不协

---

[1]　王世尧：《现代学校管理学》（第 2 版），科学出版社，2016，第 113~120 页。

[2]　王德清主编《学校管理学》，西南师范大学出版社，2011，第 87~89 页。

[3]　〔美〕威廉·大内：《Z 理论》，朱雁斌译，机械工业出版社，2021。

调的弊病，有效增强生涯教育战略管理机构运行的灵活性和适用性，大大提高生涯教育的实施效率。以表 2 中 S1 行、F1 列和二者交叉的 S1F1 为例：S1 行的心理咨询中心要想顺利开展工作，就需要知道办公室制定的相关规划和考核指标等信息，同时需要有教务处安排的具体执行任务和分配的相关人员，还要获得调度处提供的智能设备、信息系统等其他资源的支持；同样，F1 列的办公室要想顺利开展工作，必须了解 4 个项目中心的日常工作现状、学生在各个项目中的表现以及各中心的发展预期等信息；而 S1F1 则代表着只有办公室和心理咨询中心相互合作，办公室才能制定精准科学的相关发展规划，心理咨询中心也才能顺利完成办公室制定的发展任务。此模型使得 3 个职能部门和 4 个项目中心通力合作、相互配合，共同努力促进普通高中生涯教育的发展。

2. 生涯教育战略管理制度

生涯教育战略管理制度是为了保证学校规范、有序地达成既定生涯教育战略目标而制定的一套行之有效的方法或措施，主要包括权责界定、工作激励、资源合理利用等方面。

（1）明确组织成员的权责

在生涯教育战略管理机构模型中，各职能部门、各项目中心以及二者交叉模块的基本责任和权利都是明确的，但对于规模较小的生涯教育管理机构而言，并不是每个部门和每个项目都有固定人员享有固定权利、负责固定任务。机构管理者可能会在职能部门和项目中心设置固定负责人，让其他教师在各中心和部门间流动工作，这就要求教师清楚了解各中心和各部门的具体权责。此外，各部门之间、各中心之间是平行关系，需要在职能部门和项目中心之上分别设置更高一级的领导负责协调工作。

（2）激发组织成员的动力

根据马斯洛需求理论可知，不同类型、不同阶段的教师可能会有不同的需求，当需求无法得到满足时，教师会出现情绪消极、工作效率低下等反应；而当教师需求得到满足时，其工作效率和积极性都会大大提升。一般教师的需求可分为物质需求、精神需求和自我价值实现需求。对于有物质需求的教师，可以用奖金、福利等方式进行奖励；对于有精神需求的教师，可以采取大会表扬、发放奖状、授予荣誉证书等方式的奖励；而对于有自我价值实现需求的教师，要经常肯定其工作成绩、适时授予其一定管理或领导权力，让其充分发挥自己的能力和价值。[①] 激发组织成员工作动力的方式还有很多，领导者应当仔细观察每个成员，用心关爱他们，发现更多促进成员成长和工作效率提升的办法。

（3）保证资源的合理利用

生涯教育的顺利开展需要相当数量的资源支持，不仅包括财政资源、设备资源、教师资源和智能技术资源，而且包括职业体验和实践基地资源、学生升学相关政策资源等，对这些资源的合理使用关乎学校生涯教育的公平和发展。以学校特殊升学政策为例，这类资源通常有限，那么学校如何将这些有限资源分配给大量学生？是基于班级平均分配还是基于学生成绩择优分配？又或是其他方式？这些是管理者需要审慎思考并解决的问题。

3. 生涯教育战略目标管理

生涯教育战略目标比较宏观，不易于直观感受和直接操作，需将其按时间、大小等形式进行细化并分解成若干个可操作、可量化的小目标。分解方式有很多，可以按管理层级分解，也可以按工作类型分解，还可以按管理部门分解。生涯教育战略管理机构由职能部门和项目中心两个维度组成，且学生群体存在于不同年级，因此在对生涯教育战略目标进行分解时，可以先将总的战略目标按照时间维度分解成每年要完成的目标，再将年度总目标按照高一、高二、高三不同年级分解，最后根据职能部门和项目中心两个维度将每个年级的年度目标分解成与 S1F1、S1F2…S4F2、S4F3 相对应的 12 个分目标。如此分解之后，每个目标都是可以直观感受、直接操作的，各职能部门和项目中心都会清楚自己在本年度针对不同年级的具体目标是什么。同理，

---

① 赵福庆、王立华、徐铎厚：《自主管理创新教育的制度建构》，山东教育出版社，2005，第86~99页。

还可以通过这种方式将每个年级的 12 个分目标按时间维度进一步细分，分到每一季度、每一月、每一周甚至每一天的每个教育活动，具体如表 3 所示。

表 3　生涯教育战略目标分解方式

项目中心（Subject）和职能部门（Function）	办公室（F1）	教务处（F2）	调度处（F3）
心理咨询中心（S1）	S1F1 目标	S1F2 目标	S1F3 目标
教育教学中心（S2）	S2F1 目标	S2F2 目标	S2F3 目标
实践探索中心（S3）	S3F1 目标	S3F2 目标	S3F3 目标
研发进修中心（S4）	S4F1 目标	S4F2 目标	S4F3 目标

4. 生涯教育战略资源管理

生涯教育战略资源数量通常会小于使用人员数量，在进行资源管理时要注意对资源的合理分类和使用。

财务资源：遵循精准性原则。要事先制定相关项目的财务使用预算，保证公开透明，通过多部门严格审批，确保每一笔资金都能精准地使用到生涯教育的战略发展上。

人力资源：遵循合理性原则。要充分了解每个人的优势及劣势，认识每个任务的基本属性，将恰当的人合理地安排到适当的工作岗位上，让人力资源价值最大限度地发挥。

设施资源：遵循必要性原则。对于诸如场地、设备、道具等资源的使用，要做到有计划、有目的、有价值，不盲目、不随意占用或破坏与生涯教育相关的设施资源。

技术资源：遵循均衡性原则。对于综合信息服务平台、智能测评系统、AI 信息采集系统等技术资源，要兼顾、惠及每个学生，保证每个学生都能享受到技术资源带来的便利和附加价值，不能出现技术资源分配不均导致学生生涯教育不公平的现象。

政策资源：遵循适用性原则。对于有利于学生个人发展的特殊升学渠道、特殊学科或特殊政策等资源，学校要准确地考虑学生个人特点，把握学生的真实需求，将最重要的资源匹配到最合适的学生身上。

（三）完善生涯教育战略评价机制是优化方式

1. 对生涯教育战略规划的评价与反馈

对生涯教育战略规划进行评价时要考虑规划的一致性、协调性、优势性和可行性。[1]

一致性：在生涯教育战略管理机构中，各部门和各中心之间的任务和目标要保持一致，不能出现部门间发展战略相悖的情况。

协调性：单个战略的先进性无法代表学校整体的先进性，有时甚至会阻碍学校整体发展，因此要让生涯教育战略规划与学校总体战略保持协调同步。

优势性：生涯教育战略规划一定要突出优势性和竞争性，在进行 SWOT 分析和战略选择时要优先考虑进攻性和竞争性较强的 SO 战略，舍弃保守型的 WT 战略。

可行性：生涯教育战略规划是在学校内外部环境和资源的客观基础上制定的可行性发展计划，任何超现实主义的方案都需要及时修正。

2. 对生涯教育战略实施的评价与反馈

对生涯教育战略实施的评价应当是对实施过程的评价，而反馈则要对实施过程和规划进行调节。从实施过程来看，应当对组织机构、管理制度、目标管理以及资源管理进行评价。

（1）对组织机构进行评价

对生涯教育战略管理机构的合理性进行探究时应当从行政从属、义务职责和组织使命三个维度来评价。[2] 从行政从属维度来看，生涯教育战略管理

---

① Richard Rumelt, "The Evaluation of Business Strategy," in W. F. Glueck, ed, *Business Policy and Strategic Management* (New York: McGrawHill, 1980), pp. 359-367.

② 郑是勇：《中小学组织机构调整的合理性探究——基于三个维度的评价分析》，《教育探索》2016 年第 2 期，第 11~14 页。

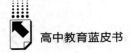
机构应与学校领导或上一级主管部门保持良好沟通和协调，不能频繁出现对接障碍问题；从义务职责维度来看，生涯教育战略管理机构应当有效地提升教师工作的积极性，促进各项生涯教育活动的顺利开展，不能阻碍组织内部任何工作的正常运行；从组织使命维度来看，生涯教育战略管理机构不仅应该具备科学完整的生涯教育方案以促进学生的自我发展，还要将生涯教育打造成促进学校发展的核心竞争力。

（2）对管理制度进行评价

生涯教育战略管理制度要保证自身的规范性和科学性，遵循组织管理和生涯发展相关的科学理论；此外，在长期的实践探索中，学校还要将生涯教育战略管理制度逐步升级为标准，不能出现制度反复更改影响教师教育教学和学生学习发展的现象。①

（3）对目标管理进行评价

对生涯教育战略目标分解时需做到"四要"。一要保证组织内部沟通顺畅。执行目标时不一定是某一部门单独行动，也可能需要多部门之间沟通合作。二要兼顾部门间和阶段间的协调。生涯教育战略目标的达成需要各个部门在各个阶段的共同配合，必须使每个部门和阶段的分目标与总目标协调一致。三要与岗位职责匹配。生涯教育战略管理机构内具体的工作岗位应当有具体的任务要求和目标，当岗位职责与目标不匹配时就无法达成目标。四要与任务自身关联。每个任务有自身属性，目标本身也代表一定方向，只有当分目标的方向与任务属性相关时才能达成目标。②

（4）对资源管理进行评价

对生涯教育战略资源管理进行评价时要尽可能保证资源使用的均衡性、适用性和利益最大化原则，关注资源使用过程中过于集中某些学生和教师、

---

① 吕玉刚：《义务教育学校管理进入规范化、科学化、标准化时代——对〈义务教育学校管理标准（试行）〉实验工作的总结与思考》，《中小学管理》2017 年第 4 期，第 5~8 页。

② 顾健：《高校质量监控目标分解过程的"四要"与"四控"》，《教育理论与实践》2009 年第 9 期，第 18~20 页。

资源滥用、没有充分体现资源价值等现象，对这些现象予以警示并重新进行调整部署。①

3. 对生涯教育战略结果的评价与反馈

对生涯教育战略结果的评价与反馈是指对整体战略目标达成情况进行评价，然后根据评价结果调节规划和实施过程。学校不应当只对生涯教育战略结果本身进行评价，还应对生涯教育进步幅度、目标落实情况、规划实施效能、预期效果进行评价。②

（1）对生涯教育进步幅度进行评价

生涯教育的发展需要经历无数个循环往复的阶段，不同阶段生涯教育的初始状态和最终状态都会有所变化，因此对始末状态绝对值差异进行比较将有助于学校了解自身生涯教育的发展情况。

（2）对生涯教育目标落实情况进行评价

对生涯教育战略结果进行评价的最直观方式是评价每个阶段分目标的达成情况，通过对分目标的评价来分析已达成目标的原因和未达成目标的原因，然后将分析结果用于下一阶段的规划和实施。

（3）对生涯教育规划实施效能进行评价

生涯教育规划实施效能可以反映精力和资源的投入和产出情况。当完成某一目标时消耗了较多精力和资源，这一目标可能不利于学校生涯教育的持久发展，应及时调整。

（4）对生涯教育预期效果进行评价

在学校生涯教育发展过程中，不是所有事情都能按照战略规划方向发展，有些方面可能会达到预期效果，有些方面可能会由于意外因素出现非预期效果，要对这些预期效果和非预期效果进行详细分析和评估，查找出现这些效果的原因，以更好地促进生涯教育的发展。

---

① 卜玉华：《学校资源分配中"相关原则"的实践意义及其限度》，《华东师范大学学报》（教育科学版）2010 年第 4 期，第 37~42、49 页。
② 蒋国勇：《基于 CIPP 的高等教育评价的理论与实践》，《中国高教研究》2007 年第 8 期，第 10~12 页。

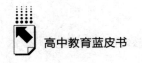

四　结语

新高考、新课程背景下，有效开展普通高中生涯教育势在必行，但目前基于战略管理视角的生涯教育研究和探索较少，从而缺少行之有效的普通高中生涯教育实施路径。从战略管理视角出发，做好生涯教育战略规划是基本要求；健全生涯教育战略实施体系是保障手段；完善生涯教育战略评价机制是优化方式。"战略规划—战略实施—战略评价"生涯教育战略管理分析框架可以为普通高中管理者提供一套逻辑清晰、系统明确的生涯教育实施路径，该实施路径将有利于增强管理者对生涯教育的战略分析意识，推动生涯教育持久稳定发展，提升学校核心竞争力。

B.3
不同新高考省份学生填报志愿
选择专业趋势变化研究

李芳 何根 程亚 管业伟*

摘　要：　自 2014 年起，中国 29 个省份陆续实施新高考改革（即高考综合改革），改革内容包括调整限考科目要求、调整志愿模式等，旨在增强学生的选择自由度和专业匹配度。本报告探讨了新高考改革背景下不同省份学生填报志愿时的专业选择趋势。通过分析浙江、山东、河北三省的学生填报数据发现，新高考改革实施后，学生的专业选择倾向发生了较大变化，由经济管理类向理工类转移，此外，法学类在不同地区热度不一，反映了区域经济发展和就业市场的影响。研究表明，影响学生专业选择的因素较为多元，包括个人兴趣、家庭背景、专业就业前景等。本报告提出了针对高中生生涯规划的建议，包括增强生涯规划意识、关注专业发展前景、加强高中和大学教育衔接等。

关键词：　新高考改革　志愿填报　专业选择

---

* 李芳，升学在线研究院首席专家、国家生涯规划师、MBTI 实测师，主要研究方向为新高考政策、生涯规划、志愿填报、高中生心理等；何根，升学在线研究院专家、国家高级生涯规划师、国家高级志愿规划师，主要研究方向为高中生涯规划、志愿填报、中学生心理辅导及励志；程亚，升学在线总编辑兼研究院院长，中国高等教育培训中心入库专家、高级规划师，主要研究方向为高校招生策略与中学生生涯教育；管业伟，升学在线联合创始人、副总裁、高级生涯规划师，主要研究方向为高中生升学路径和高校招生宣传策略。

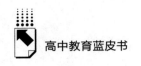

一 研究背景和意义

（一）新高考改革背景下学生填报志愿的变化

2014 年 9 月，国务院发布了《关于深化考试招生制度改革的实施意见》，我国新一轮考试招生制度改革正式启动。截至 2023 年，全国已有 29 个省份进行或将要进行新高考改革。具体情况为：2017 年，上海市和浙江省开始实行新高考改革；2020 年，北京市、天津市、山东省、海南省开始实行新高考改革；2021 年，河北省、辽宁省、江苏省、福建省、湖北省、湖南省、广东省、重庆市 8 省份开始实行新高考改革；2024 年，吉林省、黑龙江省、安徽省、江西省、广西壮族自治区、贵州省、甘肃省 7 省份将实行新高考改革；2025 年，四川省、河南省、云南省、陕西省、内蒙古自治区、山西省、宁夏回族自治区、青海省 8 省份将实行新高考改革。

与"老高考"相比，新高考的主要变化体现在限考科目要求、志愿模式、志愿数量、调剂方式、录取批次等方面。具体内容如下。

限考科目要求调整："老高考"的考试科目只区分文科、理科，文科按照文科招生计划填报志愿，理科按照理科招生计划填报志愿。而新高考需按普通高校招生专业选考科目要求填报志愿。选考科目要求为：限 1 门（如限化学，仅选考化学的考生可报考）、限 2 门（如限物理和化学，仅选考科目为"物理+化学"的考生可报考）、限 3 门（如限物理、化学和生物，仅选考科目为"物理+化学+生物"的考生可报考）和不提科目要求（任意选科均可报考）。考生只有满足高校招生专业选考科目要求，才具备该专业的报考资格。

志愿模式调整："老高考"采取院校志愿模式，"一个学校+6 个专业"为一个志愿。而新高考采取"院校专业组"模式或"专业+院校"模式填报志愿。"院校专业组"模式将本校所有专业划分为若干专业组，每组专业需具有相同的限考科目要求，考生填报志愿时，需按"XX 大学—专业组—专业"的方式填报。而"专业+院校"模式下，本校所有专业都是一个独立的志愿单位，每个专业都有不同的限考科目要求，考生填报志愿时，需符合高校的限考科目要求并按"专业+院校"模式填报。

录取批次与志愿数量：部分省份取消一本、二本录取批次，合并为本科批录取，如湖北、湖南等省份；部分省份不再分本科、专科，直接划分一段线和二段线，如浙江和山东。考生可以填报若干个"院校专业组"或"专业+院校"志愿。

调剂方式：采用"院校专业组"模式填报志愿的省份，考生调剂是在所填报的院校专业组内进行，不会调剂到这个学校的其他专业组。采用"专业+院校"模式填报志愿的省份，不存在调剂情况，考生可最大限度地保障自己的专业选择权。

（二）研究意义

新高考改革实施后，学生填报志愿的模式发生了较大改变。将"院校"志愿变为"院校专业组"或"专业+院校"志愿，改变了以往在志愿填报中将学校作为基本导向的方式，以专业为导向，增强了学生选择专业的主动性，特别是在"专业+院校"模式下，考生不用面临专业调剂，可以根据自己所选的考试科目填报心仪的专业，一方面避免以往被调剂到不喜欢专业的遗憾，另一方面提升了考生的兴趣及与最终所录专业的契合度，真正做到"选其所好、录其所长"。但是，这种以专业为导向的填报模式，也凸显了高校中的热门专业和强势专业，考生专业选择呈现"趋热避冷"现象，高校各专业录取分差较大。

本报告对部分新高考省份各专业招生录取数据进行研究，了解考生选择专业的喜好、不同专业的分数变化情况，对高中生生涯规划尤其是选科选课、升学路径选择和志愿填报具有较强的现实指导意义。同时，对于高中、高校的教育教学衔接以及高校学科创新设置和招生策略制定具有一定的参考和借鉴价值。

二 研究方法和数据来源

（一）研究方法

本报告主要采取数据分析法，选择不同省份，将以"专业+院校"为志

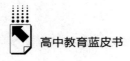

愿填报模式的浙江省、山东省、河北省录取数据作为研究对象，将 3 省 2022 年本科投档计划数前 20 专业进行 2021~2022 年录取数据统计分析，深入了解不同省份、不同专业的录取分差及录取变化情况。

本次调研分别从位次占比和位次变化两个维度分析各院校专业的招生情况。使用位次占比是因为每年的考生人数和招生计划数会发生较大改变，位次占比可以更为科学地反映专业在各省的招生情况。位次变化则可以更为直观地反映不同地区考生在选择报考专业时的倾向性。其中，位次占比为某专业在某省投档录取最低位次与某省本科线上人数之比。占比越低，表示某专业在某省本科批次中招生情况越好。通过两年位次占比的差值对比，确定位次的上升或下降情况。位次变化为 2021 年某专业在某省投档录取最低位次与 2022 年某专业在某省投档录取最低位次之差。通过两年位次变化的差值分析考生报考某专业的倾向性。差值为正数表示某专业较受考生欢迎。

（二）数据来源

本报告数据均来源于研究省份教育招生考试院网站，具有较强的权威性。

三　2021~2022年不同新高考省份填报志愿选择专业趋势分析

（一）浙江省学生填报志愿选择专业趋势

1. 浙江省本科前20专业投档计划数及最低录取分数情况

2022 年浙江省本科投档计划数前 20 专业见表 1，其中排名前三的专业分别为英语、工商管理类、会计学。

表1　2022年浙江省本科投档计划数前20专业

单位：人

学科门类	专业名称	投档计划数
文学	英语	3226
管理学	工商管理类	3093
管理学	会计学	2781
工学	计算机类	2682
医学	临床医学	2486
法学	法学	2231
医学	护理学	2216
管理学	国际经济与贸易	2180
管理学	财务管理	1983
工学	计算机科学与技术	1945
经济学	金融学	1727
工学	电子信息类	1565
文学	汉语言文学	1453
文学	日语	1397
管理学	工商管理	1381
管理学	电子商务	1353
工学	土木工程	1240
文学	商务英语	1119
工学	电气工程及其自动化	1089
工学	数据科学与大数据技术	1081

　　按学科门类统计，工学和管理学占比最高，其次是文学、医学、法学、经济学（见图1）。

　　按各专业一段线上最低录取分数统计，最低录取分数较高的3个专业分别是临床医学（548分）、护理学（533分）、法学（532分）；最低录取分数较低的3个专业分别是计算机类（504分）、数据科学与大数据技术（501分）、土木工程（497分）（见图2）。

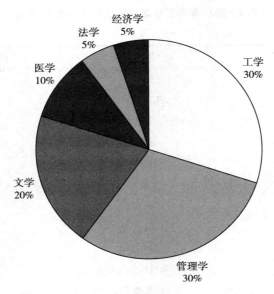

图 1 2022 年浙江省本科投档计划数前 20 专业学科门类占比

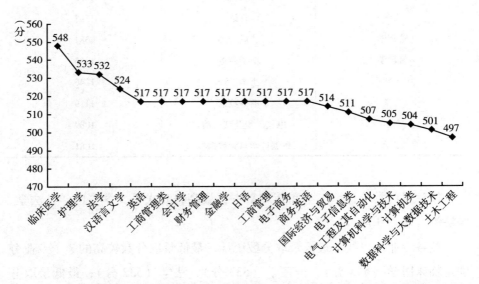

图 2 2022 年浙江省本科投档计划数前 20 专业一段线上最低录取分数情况

2. 本科投档计划数前20专业各院校录取位次占比及位次变化情况①

从位次占比情况来看，与 2021 年相比，本科投档计划数前 20 专业中，有 19 个专业的位次占比上升院校多于下降院校，仅日语专业出现绝大多数院校位次占比下降的情况。另外，各院校位次占比上升幅度最大的专业是电子信息类，有 99% 的院校位次占比上升，1% 的院校位次占比下降。

从位次变化情况来看，与 2021 年相比，本科投档计划数前 20 专业中，仅计算机类、电子信息类、电气工程及其自动化 3 个专业的位次上升院校多于下降院校，其他专业均是位次下降院校多于上升院校。位次下降院校占比最高的是日语专业，有 94.8% 的院校位次下降。各专业具体情况如下。

（1）英语

位次占比方面，2022 年有 54.5% 的院校位次占比上升，45.1% 的院校位次占比下降，0.4% 的院校位次占比不变。位次变化方面，7.2% 的院校位次上升，92.8% 的院校位次下降。

（2）工商管理类

位次占比方面，2022 年有 66.9% 的院校位次占比上升，33.1% 的院校位次占比下降。位次变化方面，15.3% 的院校位次上升，84.7% 的院校位次下降。

（3）会计学

位次占比方面，2022 年有 87.0% 的院校位次占比上升，12.5% 的院校位次占比下降，0.5% 的院校位次占比不变。位次变化方面，9.9% 的院校位次上升，90.1% 的院校位次下降。

（4）计算机类

位次占比方面，2022 年有 94.0% 的院校位次占比上升，6.0% 的院校位次占比下降。位次变化方面，57.9% 的院校位次上升，42.1% 的院校位次下降。

（5）临床医学

位次占比方面，2022 年有 61.7% 的院校位次占比上升，38.3% 的院校

---

① 统计数据说明：以下数据只统计同时在 2021 年和 2022 年招生的院校专业。

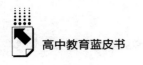

位次占比下降。位次变化方面，21.5%的院校位次上升，78.5%的院校位次下降。

（6）法学

位次占比方面，2022年有89.6%的院校位次占比上升，9.4%的院校位次占比下降，0.1%的院校位次占比不变。位次变化方面，27.2%的院校位次上升，72.8%的院校位次下降。

（7）护理学

位次占比方面，2022年有89.0%的院校位次占比上升，11.0%的院校位次占比下降。位次变化方面，20.9%的院校位次上升，79.1%的院校位次下降。

（8）国际经济与贸易

位次占比方面，2022年有64.9%的院校位次占比上升，34.6%的院校位次占比下降，0.5%的院校位次占比不变。位次变化方面，7.7%的院校位次上升，92.3%的院校位次下降。

（9）财务管理

位次占比方面，2022年有80.3%的院校位次占比上升，19.1%的院校位次占比下降，0.6%的院校位次占比不变。位次变化方面，7.3%的院校位次上升，92.7%的院校位次下降。

（10）计算机科学与技术

位次占比方面，2022年有94.8%的院校位次占比上升，5.2%的院校位次占比下降。位次变化方面，48.5%的院校位次上升，51.5%的院校位次下降。

（11）金融学

位次占比方面，2022年有71.5%的院校位次占比上升，28.5%的院校位次占比下降。位次变化方面，11.5%的院校位次上升，88.5%的院校位次下降。

（12）电子信息类

位次占比方面，2022年有99.0%的院校位次占比上升，1.0%的院校位次占比下降。位次变化方面，63.0%的院校位次上升，37.0%的院校位次下降。

（13）汉语言文学

位次占比方面，2022年有80.0%的院校位次占比上升，20.0%的院校位次占比下降。位次变化方面，24.0%的院校位次上升，76.0%的院校位次下降。

（14）日语

位次占比方面，2022年有34.8%的院校位次占比上升，65.2%的院校位次占比下降。位次变化方面，5.2%的院校位次上升，94.8%的院校位次下降。

（15）工商管理

位次占比方面，2022年有76.9%的院校位次占比上升，22.3%的院校位次占比下降，0.8%的院校位次占比不变。位次变化方面，11.6%的院校位次上升，88.4%的院校位次下降。

（16）电子商务

位次占比方面，2022年有70.7%的院校位次占比上升，29.3%的院校位次占比下降。位次变化方面，10.6%的院校位次上升，89.4%的院校位次下降。

（17）土木工程

位次占比方面，2022年有79.2%的院校位次占比上升，20.8%的院校位次占比下降。位次变化方面，20.8%的院校位次上升，79.2%的院校位次下降。

（18）商务英语

位次占比方面，2022年有53.3%的院校位次占比上升，46.7%的院校位次占比下降。位次变化方面，5.6%的院校位次上升，94.4%的院校位次下降。

（19）电气工程及其自动化

位次占比方面，2022年有98.9%的院校位次占比上升，1.1%的院校位次

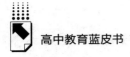

占比下降。位次变化方面，59.2%的院校位次上升，40.8%的院校位次下降。

（20）数据科学与大数据技术

位次占比方面，2022 年有 95.5%的院校位次占比上升，4.5%的院校位次占比下降。位次变化方面，48.2%的院校位次上升，51.8%的院校位次下降。

综合位次占比和位次变化两个维度的统计，得出以下结论。

第一，位次变化和位次占比上升趋势一致[①]的专业有计算机类、电子信息类、电气工程及其自动化。表明浙江省绝大多数院校的这 3 个专业较受考生欢迎，招生情况较好。

第二，位次变化和位次占比下降趋势一致的专业为日语，表明浙江省绝大多数院校的日语专业招生不理想，考生报考意愿不强。

第三，位次变化和位次占比升降趋势相反且有较大变化的专业有英语、工商管理类、会计学、临床医学、法学、护理学、国际经济与贸易、财务管理、计算机科学与技术、金融学、汉语言文学、工商管理、电子商务、土木工程、商务英语、数据科学与大数据技术。

第四，仅从位次变化情况来看，位次下降院校占比较高的专业分别是日语（94.8%）、商务英语（94.4%）、英语（92.8%）、财务管理（92.7%）、国际经济与贸易（92.3%）、会计学（90.1%）、电子商务（89.4%）、金融学（88.5%）、工商管理（88.4%）。

综上所述，通过对比本科投档计划数最多的 20 个专业发现，工学门类中的计算机类、电子信息类、电气工程及其自动化依然是多数考生的首选，而考生报考财会类、管理类、小语种专业的意愿普遍不强。

（二）山东省学生填报志愿选择专业趋势

1. 山东省本科前20专业投档计划数及最低录取分数情况

2022 年山东省本科投档计划数前 20 专业见表 2，其中排名前三的专业分别为法学、电气工程及其自动化、土木工程。

---

① 即位次占比方面上升的院校比例高于下降的院校比例，位次变化方面上升的院校比例也高于下降的院校比例，以下同理。

表2　2022年山东省本科投档计划数前20专业

单位：人

学科门类	专业名称	投档计划数
法学	法学	4272
工学	电气工程及其自动化	3468
工学	土木工程	3192
工学	计算机科学与技术	2987
医学	临床医学	2941
管理学	会计学	2930
文学	英语	2661
管理学	财务管理	2587
工学	计算机类	2505
工学	机械设计制造及其自动化	2468
管理学	工商管理类	2418
工学	软件工程	2276
经济学	国际经济与贸易	2186
理学	数学与应用数学（师范类）	2175
医学	护理学	1998
工学	电子信息工程	1957
工学	自动化	1895
文学	汉语言文学（师范类）	1742
医学	药学	1732
管理学	市场营销	1670

按学科门类统计，工学占比最高，其次是管理学、医学、文学、经济学、理学、法学（见图3）。

按各专业一段线上最低录取分数统计，最低录取分数较高的3个专业分别是临床医学（483分）、法学（467分）、数学与应用数学（师范类）（466分）；最低录取分数较低的3个专业分别是电气工程及其自动化（449分）、机械设计制造及其自动化（449分）、土木工程（440分）（见图4）。

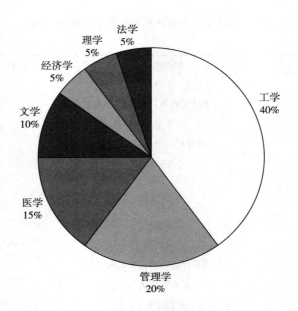

图3 2022年山东省本科投档计划数前20专业学科门类占比

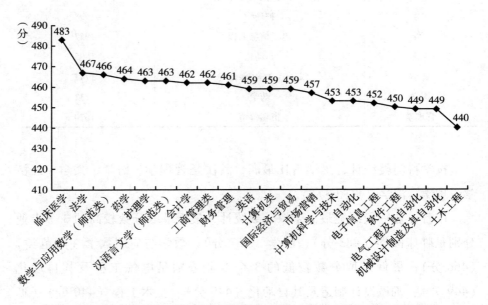

图4 2022年山东省本科投档计划数前20专业一段线上最低录取分数情况

2. 本科投档计划数前20专业各院校录取位次占比及位次变化情况①

从位次占比情况来看，与 2021 年相比，各专业的院校最低录取位次整体呈上升趋势，即使是部分出现招生"断档"的专业，位次下降占比也不超过 1/3。

从位次变化情况来看，与 2021 年相比，位次变化和位次占比升降趋势一致的专业有法学、电气工程及其自动化、计算机科学与技术、临床医学、计算机类、软件工程、汉语言文学（师范类），其他专业的位次变化和位次占比升降趋势均相反。各专业具体情况如下。

（1）法学

位次占比方面，2022 年有 96.1% 的院校位次占比上升，3.9% 的院校位次占比下降。位次变化方面，64.3% 的院校位次上升，35.7% 的院校位次下降。

（2）电气工程及其自动化

位次占比方面，2022 年有 95.0% 的院校位次占比上升，4.5% 的院校位次占比下降，0.5% 的院校位次占比不变。位次变化方面，53.0% 的院校位次上升，47.0% 的院校位次下降。

（3）土木工程

位次占比方面，2022 年有 67.4% 的院校位次占比上升，32.1% 的院校位次占比下降，0.5% 的院校位次占比不变。位次变化方面，4.9% 的院校位次上升，95.1% 的院校位次下降。

（4）计算机科学与技术

位次占比方面，2022 年有 93.8% 的院校位次占比上升，5.8% 的院校位次占比下降，0.4% 的院校位次占比不变。位次变化方面，52.9% 的院校位次上升，47.1% 的院校位次下降。

（5）临床医学

位次占比方面，2022 年有 94.7% 的院校位次占比上升，5.3% 的院校位

---

① 统计数据说明：以下数据只统计同时在 2021 年和 2022 年招生的院校专业。

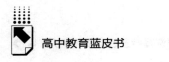

次占比下降。位次变化方面，55.3%的院校位次上升，44.7%的院校位次下降。

（6）会计学

位次占比方面，2022年有90.9%的院校位次占比上升，8.6%的院校位次占比下降，0.5%的院校位次占比不变。位次变化方面，16.8%的院校位次上升，83.2%的院校位次下降。

（7）英语

位次占比方面，2022年有75.0%的院校位次占比上升，23.6%的院校位次占比下降，1.4%的院校位次占比不变。位次变化方面，9.6%的院校位次上升，90.4%的院校位次下降。

（8）财务管理

位次占比方面，2022年有87.3%的院校位次占比上升，12.1%的院校位次占比下降，0.6%的院校位次占比不变。位次变化方面，9.1%的院校位次上升，90.9%的院校位次下降。

（9）计算机类

位次占比方面，2022年有96.0%的院校位次占比上升，4.0%的院校位次占比下降。位次变化方面，55.0%的院校位次上升，45.0%的院校位次下降。

（10）机械设计制造及其自动化

位次占比方面，2022年有93.9%的院校位次占比上升，6.1%的院校位次占比下降。位次变化方面，19.4%的院校位次上升，80.6%的院校位次下降。

（11）工商管理类

位次占比方面，2022年有63.6%的院校位次占比上升，36.4%的院校位次占比下降。位次变化方面，12.9%的院校位次上升，87.1%的院校位次下降。

（12）软件工程

位次占比方面，2022年有96.4%的院校位次占比上升，3.6%的院校位次占比下降。位次变化方面，53.6%的院校位次上升，46.4%的院校位次下降。

（13）国际经济与贸易

位次占比方面，2022年有78.1%的院校位次占比上升，21.9%的院校位次占比下降。位次变化方面，9.0%的院校位次上升，90.4%的院校位次下降，0.6%的院校位次不变。

（14）数学与应用数学（师范类）

位次占比方面，2022年有95.7%的院校位次占比上升，4.3%的院校位次占比下降。位次变化方面，21.4%的院校位次上升，78.6%的院校位次下降。

（15）护理学

位次占比方面，2022年有79.2%的院校位次占比上升，20.8%的院校位次占比下降。位次变化方面，18.9%的院校位次上升，81.1%的院校位次下降。

（16）电子信息工程

位次占比方面，2022年有96.7%的院校位次占比上升，3.3%的院校位次占比下降。位次变化方面，45.3%的院校位次上升，54.7%的院校位次下降。

（17）自动化

位次占比方面，2022年有95.5%的院校位次占比上升，4.5%的院校位次占比下降。位次变化方面，39.8%的院校位次上升，60.2%的院校位次下降。

（18）汉语言文学（师范类）

位次占比方面，2022年有100.0%的院校位次占比上升。位次变化方面，75.0%的院校位次上升，25.0%的院校位次下降。

（19）药学

位次占比方面，2022年有82.9%的院校位次占比上升，17.1%的院校位次占比下降。位次变化方面，15.9%的院校位次上升，84.1%的院校位次下降。

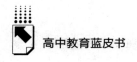

（20）市场营销

位次占比方面，2022 年有 77.9% 的院校位次占比上升，22.1% 的院校位次占比下降。位次变化方面，7.7% 的院校位次上升，92.3% 的院校位次下降。

综合位次占比和位次变化两个维度的统计，得出以下结论。

第一，位次变化和位次占比上升趋势一致的专业有法学、电气工程及其自动化、计算机科学与技术、临床医学、计算机类、软件工程、汉语言文学（师范类）。表明山东省绝大多数院校的这 7 个专业较受考生欢迎，招生情况较好。

第二，没有位次变化和位次占比下降趋势一致的专业，表明山东省绝大多数高校没有出现本科投档计划数前 20 专业招生不理想、考生报考意愿不强的情况。

第三，位次变化和位次占比升降趋势相反的专业有土木工程、会计学、英语、财务管理、机械设计制造及其自动化、工商管理类、国际经济与贸易、数学与应用数学（师范类）、护理学、电子信息工程、自动化、药学、市场营销。

第四，仅从位次变化情况来看，位次下降院校占比较高的专业分别是土木工程（95.1%）、市场营销（92.3%）、财务管理（90.9%）、英语（90.4%）、国际经济与贸易（90.4%）、工商管理类（87.1%）、药学（84.1%）、会计学（83.2%）、护理学（81.1%）、机械设计制造及其自动化（80.6%）。

综上所述，通过对比本科投档计划数最多的 20 个专业发现，法学、电气工程及其自动化、计算机科学与技术、临床医学、计算机类、软件工程、汉语言文学（师范类）依然是多数考生的首选，而考生报考土木工程、市场营销、财务管理、英语、国际经济与贸易、工商管理类、药学、会计学、护理学、机械设计制造及其自动化专业的意愿普遍不强。

（三）河北省物理组学生填报志愿选择专业趋势

1. 河北省物理组本科前20专业投档计划数及最低录取分数情况

2022 年河北省物理组本科投档计划数前 20 专业见表 3，其中排名前三的专业分别为计算机科学与技术、计算机类、电气工程及其自动化。

表3 2022年河北省物理组本科投档计划数前20专业

单位：人

学科门类	专业名称	投档计划数
工学	计算机科学与技术	4850
工学	计算机类	4303
工学	电气工程及其自动化	3293
工学	土木工程	2959
工学	机械类	2940
工学	软件工程	2910
工学	机械设计制造及其自动化	2558
医学	临床医学	2379
工学	土木类	2243
工学	数据科学与大数据技术	2133
工学	物联网工程	2054
理学	数学与应用数学	1962
工学	电子信息工程	1862
医学	护理学	1856
管理学	会计学	1666
工学	自动化	1599
工学	电子信息类	1574
工学	通信工程	1567
工学	材料类	1560
管理学	工程造价	1549

按学科门类统计，工学占比最高，其次是管理学、医学、理学（见图5）。

按各专业本科线上最低录取分数统计，最低录取分数较高的3个专业分别是材料类（472分）、临床医学（464分）、数学与应用数学（453分）；最低录取分数较低的10个专业分别是计算机科学与技术、电气工程及其自动化、土木工程、机械设计制造及其自动化、土木类、数据科学与大数据技术、物联网工程、电子信息工程、会计学、工程造价，均为430分（见图6）。

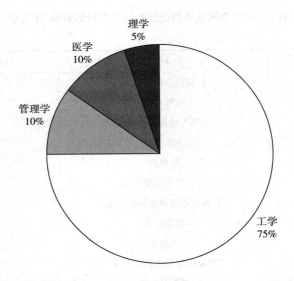

图 5　2022 年河北省物理组本科投档计划数前 20 专业学科门类占比

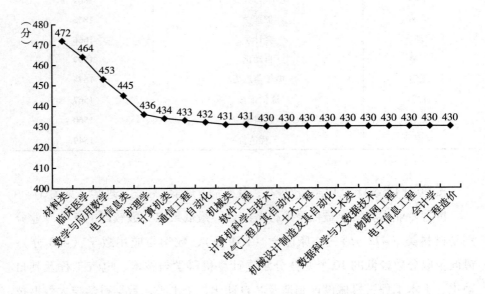

图 6　2022 年河北省物理组本科投档计划数前 20 专业本科线上最低录取分数情况

2. 本科投档计划数前20专业各院校录取位次占比及位次变化情况①

从位次占比情况来看，与2021年相比，本科投档计划数前20专业中，有19个专业的位次占比上升院校多于下降院校，仅土木类专业出现绝大多数院校位次占比下降的情况。另外，各院校位次占比上升幅度最大的专业是电子信息类，有99.1%的院校位次占比上升。

从位次变化情况来看，与2021年相比，本科投档计划数前20专业中，土木工程、机械类、机械设计制造及其自动化、土木类、物联网工程、数学与应用数学、护理学、会计学、材料类、工程造价10个专业的位次下降院校多于上升院校，其他专业均是位次上升院校多于下降院校。位次下降院校占比最高的是材料类专业，有95.3%的院校位次下降。各专业具体情况如下。

（1）计算机科学与技术

位次占比方面，2022年有96.9%的院校位次占比上升，3.1%的院校位次占比下降。位次变化方面，62.5%的院校位次上升，37.5%的院校位次下降。

（2）计算机类

位次占比方面，2022年有98.1%的院校位次占比上升，1.9%的院校位次占比下降。位次变化方面，78.6%的院校位次上升，21.4%的院校位次下降。

（3）电气工程及其自动化

位次占比方面，2022年有97.6%的院校位次占比上升，2.4%的院校位次占比下降。位次变化方面，67.6%的院校位次上升，32.4%的院校位次下降。

（4）土木工程

位次占比方面，2022年有70.8%的院校位次占比上升，28.7%的院校位次占比下降，0.5%的院校位次占比不变。位次变化方面，12.0%的院校

---

① 统计数据说明：以下数据只统计同时在2021年和2022年招生的院校专业。

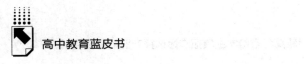

位次上升，88.0%的院校位次下降。

（5）机械类

位次占比方面，2022年有98.0%的院校位次占比上升，2.0%的院校位次占比下降。位次变化方面，34.7%的院校位次上升，65.3%的院校位次下降。

（6）软件工程

位次占比方面，2022年有97.8%的院校位次占比上升，2.2%的院校位次占比下降。位次变化方面，61.0%的院校位次上升，39.0%的院校位次下降。

（7）机械设计制造及其自动化

位次占比方面，2022年有96.2%的院校位次占比上升，3.8%的院校位次占比下降。位次变化方面，43.0%的院校位次上升，57.0%的院校位次下降。

（8）临床医学

位次占比方面，2022年有97.1%的院校位次占比上升，2.9%的院校位次占比下降。位次变化方面，79.4%的院校位次上升，20.6%的院校位次下降。

（9）土木类

位次占比方面，2022年有43.6%的院校位次占比上升，54.5%的院校位次占比下降，1.9%的院校位次占比不变。位次变化方面，10.9%的院校位次上升，89.1%的院校位次下降。

（10）数据科学与大数据技术

位次占比方面，2022年有97.8%的院校位次占比上升，1.6%的院校位次占比下降，0.6%的院校位次占比不变。位次变化方面，62.9%的院校位次上升，37.1%的院校位次下降。

（11）物联网工程

位次占比方面，2022年有96.5%的院校位次占比上升，2.6%的院校位次占比下降，0.9%的院校位次占比不变。位次变化方面，48.2%的院校位次上升，51.8%的院校位次下降。

（12）数学与应用数学

位次占比方面，2022年有97.0%的院校位次占比上升，3.0%的院校位次占比下降。位次变化方面，43.7%的院校位次上升，56.3%的院校位次下降。

（13）电子信息工程

位次占比方面，2022年有98.4%的院校位次占比上升，1.6%的院校位次占比下降。位次变化方面，64.2%的院校位次上升，35.8%的院校位次下降。

（14）护理学

位次占比方面，2022年有92.3%的院校位次占比上升，7.7%的院校位次占比下降。位次变化方面，25.3%的院校位次上升，74.7%的院校位次下降。

（15）会计学

位次占比方面，2022年有94.1%的院校位次占比上升，5.2%的院校位次占比下降，0.7%的院校位次占比不变。位次变化方面，42.5%的院校位次上升，57.5%的院校位次下降。

（16）自动化

位次占比方面，2022年有98.1%的院校位次占比上升，1.9%的院校位次占比下降。位次变化方面，64.4%的院校位次上升，35.6%的院校位次下降。

（17）电子信息类

位次占比方面，2022年有99.1%的院校位次占比上升，0.9%的院校位次占比不变。位次变化方面，80.0%的院校位次上升，20.0%的院校位次下降。

（18）通信工程

位次占比方面，2022年有98.6%的院校位次占比上升，1.4%的院校位次占比下降。位次变化方面，66.2%的院校位次上升，33.8%的院校位次下降。

（19）材料类

位次占比方面，2022年有50.6%的院校位次占比上升，49.4%的院校

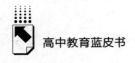
位次占比下降。位次变化方面，4.7%的院校位次上升，95.3%的院校位次下降。

（20）工程造价

位次占比方面，2022年有90.0%的院校位次占比上升，8.9%的院校位次占比下降，1.1%的院校位次占比不变。位次变化方面，12.2%的院校位次上升，87.8%的院校位次下降。

综合位次占比和位次变化两个维度的统计，得出以下结论。

第一，位次变化和位次占比上升趋势一致的专业有计算机科学与技术、计算机类、电气工程及其自动化、软件工程、临床医学、数据科学与大数据技术、电子信息工程、自动化、电子信息类、通信工程。表明河北省绝大多数高校的这10个专业较受物理组考生欢迎，招生情况较好。

第二，位次变化和位次占比下降趋势一致的专业为土木类，表明河北省绝大多数高校的土木类专业招生不理想，考生报考意愿不强。

第三，位次变化和位次占比升降趋势相反的专业有土木工程、机械类、机械设计制造及其自动化、物联网工程、数学与应用数学、护理学、会计学、材料类、工程造价。

第四，仅从位次变化情况来看，位次下降院校占比较高的专业分别是材料类（95.3%）、土木类（89.1%）、土木工程（88.0%）、工程造价（87.8%）。

综上所述，通过对比物理组本科投档计划数最多的20个专业发现，计算机科学与技术、计算机类、电气工程及其自动化、软件工程、临床医学、数据科学与大数据技术、电子信息工程、自动化、电子信息类、通信工程依然是多数物理组考生的首选，而考生报考材料类、土木类、土木工程、工程造价专业的意愿普遍不强。

（四）河北省历史组学生填报志愿选择专业趋势

1. 河北省历史组本科前20专业投档计划数及最低录取分数情况

2022年河北省历史组本科投档计划数前20专业见表4，其中排名前三的专业分别为英语、汉语言文学、会计学。

表4　2022年河北省历史组本科投档计划数前20专业

单位：人

学科门类	专业名称	投档计划数
文学	英语	4330
文学	汉语言文学	2759
管理学	会计学	2480
管理学	财务管理	2284
法学	法学	2161
医学	护理学	2156
教育学	学前教育	1760
教育学	小学教育	1697
管理学	工商管理类	1483
经济学	国际经济与贸易	1482
法学	思想政治教育	1246
管理学	工商管理	1149
管理学	物流管理	1070
历史学	历史学	998
文学	商务英语	946
管理学	市场营销	923
文学	汉语国际教育	860
文学	新闻传播学类	820
管理学	人力资源管理	767
文学	网络与新媒体	761

按学科门类统计，管理学占比最高，其次是文学、教育学、法学、经济学、历史学、医学（见图7）。

按各专业本科线上最低录取分数统计，最低录取分数较高的3个专业分别是历史学（485分）、思想政治教育（480分）、新闻传播学类（468分）；最低录取分数较低的11个专业分别是人力资源管理、工商管理、市场营销、护理学、英语、会计学、财务管理、学前教育、国际经济与贸易、物流管理、商务英语，均为443分（见图8）。

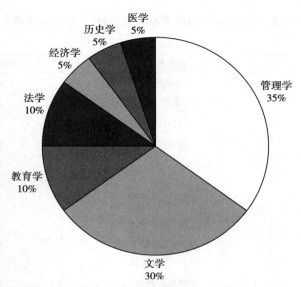

图 7　2022 年河北省历史组本科投档计划数前 20 专业学科门类占比

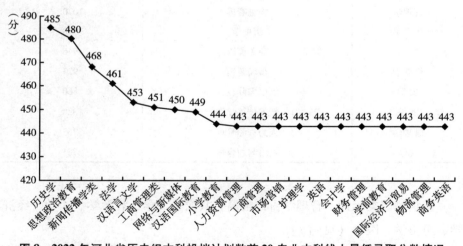

图 8　2022 年河北省历史组本科投档计划数前 20 专业本科线上最低录取分数情况

2. 本科投档计划数前20专业各院校录取位次占比及位次变化情况①

从位次占比情况来看，与 2021 年相比，本科投档计划数前 20 专业中，

---

① 统计数据说明：以下数据只统计同时在 2021 年和 2022 年招生的院校专业。

所有专业的位次占比上升院校均多于下降院校。另外，各院校位次占比上升幅度最大的专业是汉语言文学，有 93.0% 的院校位次占比上升。

从位次变化情况来看，与 2021 年相比，本科投档计划数前 20 专业中，仅工商管理类的位次下降院校多于上升院校，其他专业的位次上升院校均多于下降院校。位次下降院校占比最高的是工商管理类专业，有 57.3% 的院校位次下降。各专业具体情况如下。

（1）英语

位次占比方面，2022 年有 74.7% 的院校位次占比上升，25.0% 的院校位次占比下降，0.3% 的院校位次占比不变。位次变化方面，67.7% 的院校位次上升，32.3% 的院校位次下降。

（2）汉语言文学

位次占比方面，2022 年有 93.0% 的院校位次占比上升，7.0% 的院校位次占比下降。位次变化方面，92.5% 的院校位次上升，7.5% 的院校位次下降。

（3）会计学

位次占比方面，2022 年有 80.1% 的院校位次占比上升，18.3% 的院校位次占比下降，1.6% 的院校位次占比不变。位次变化方面，75.9% 的院校位次上升，24.1% 的院校位次下降。

（4）财务管理

位次占比方面，2022 年有 87.3% 的院校位次占比上升，12.7% 的院校位次占比下降。位次变化方面，82.4% 的院校位次上升，17.6% 的院校位次下降。

（5）法学

位次占比方面，2022 年有 87.2% 的院校位次占比上升，12.3% 的院校位次占比下降，0.5% 的院校位次占比不变。位次变化方面，82.8% 的院校位次上升，16.3% 的院校位次下降，0.9% 的院校位次不变。

（6）护理学

位次占比方面，2022 年有 83.3% 的院校位次占比上升，13.9% 的院校

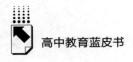
位次占比下降，2.8%的院校位次占比不变。位次变化方面，80.6%的院校位次上升，19.4%的院校位次下降。

（7）学前教育

位次占比方面，2022年有78.3%的院校位次占比上升，19.6%的院校位次占比下降，2.1%的院校位次占比不变。位次变化方面，72.8%的院校位次上升，27.2%的院校位次下降。

（8）小学教育

位次占比方面，2022年有91.5%的院校位次占比上升，8.5%的院校位次占比下降。位次变化方面，89.4%的院校位次上升，10.6%的院校位次下降。

（9）工商管理类

位次占比方面，2022年有55.0%的院校位次占比上升，45.0%的院校位次占比下降。位次变化方面，42.7%的院校位次上升，57.3%的院校位次下降。

（10）国际经济与贸易

位次占比方面，2022年有71.7%的院校位次占比上升，27.7%的院校位次占比下降，0.6%的院校位次占比不变。位次变化方面，61.8%的院校位次上升，38.2%的院校位次下降。

（11）思想政治教育

位次占比方面，2022年有92.0%的院校位次占比上升，8.0%的院校位次占比下降。位次变化方面，90.9%的院校位次上升，9.1%的院校位次下降。

（12）工商管理

位次占比方面，2022年有80.4%的院校位次占比上升，18.6%的院校位次占比下降，1.0%的院校位次占比不变。位次变化方面，74.2%的院校位次上升，25.8%的院校位次下降。

（13）物流管理

位次占比方面，2022年有70.8%的院校位次占比上升，27.8%的院校

位次占比下降，1.4%的院校位次占比不变。位次变化方面，65.3%的院校位次上升，34.7%的院校位次下降。

（14）历史学

位次占比方面，2022年有85.1%的院校位次占比上升，14.9%的院校位次占比下降。位次变化方面，83.6%的院校位次上升，16.4%的院校位次下降。

（15）商务英语

位次占比方面，2022年有69.7%的院校位次占比上升，28.1%的院校位次占比下降，2.2%的院校位次占比不变。位次变化方面，64.0%的院校位次上升，36.0%的院校位次下降。

（16）市场营销

位次占比方面，2022年有75.0%的院校位次占比上升，24.0%的院校位次占比下降，1.0%的院校位次占比不变。位次变化方面，69.0%的院校位次上升，31.0%的院校位次下降。

（17）汉语国际教育

位次占比方面，2022年有85.1%的院校位次占比上升，14.9%的院校位次占比下降。位次变化方面，77.0%的院校位次上升，23.0%的院校位次下降。

（18）新闻传播学类

位次占比方面，2022年有60.8%的院校位次占比上升，35.1%的院校位次占比下降，4.1%的院校位次占比不变。位次变化方面，56.8%的院校位次上升，43.2%的院校位次下降。

（19）人力资源管理

位次占比方面，2022年有81.3%的院校位次占比上升，17.3%的院校位次占比下降，1.4%的院校位次占比不变。位次变化方面，72.0%的院校位次上升，28.0%的院校位次下降。

（20）网络与新媒体

位次占比方面，2022年有86.6%的院校位次占比上升，13.4%的院校

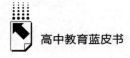

位次占比下降。位次变化方面，79.1%的院校位次上升，20.9%的院校位次下降。

综合位次占比和位次变化两个维度的统计，得出以下结论。

第一，位次变化和位次占比升降趋势相反的专业为工商管理类，除此之外，其他19个专业的位次变化和位次占比的上升趋势均一致。表明河北省绝大多数高校的这19个专业较受考生欢迎，招生情况较好。

第二，仅从位次变化情况来看，位次下降院校占比较高的专业只有工商管理类（57.3%）。

综上所述，通过对比历史组本科投档计划数最多的20个专业发现，工商管理类专业是唯一升降趋势不一致的专业，由于两个维度的升降比例均比较接近且升降比例之差较低（10个百分点左右），可以理解为正常的位次波动，除此之外的19个专业依然是多数考生的首选。

四 学生填报志愿选择专业影响因素分析

（一）学生个人因素对专业选择的影响

在志愿填报过程中，专业选择受到个人性格、兴趣与学科特长的影响。艾媒咨询《2022年中国高考志愿填报及就业前景大数据分析报告》显示，个人兴趣是中国考生选择专业时的首要考虑因素，占比为61.5%。以兴趣为导向进行专业选择，找到兴趣点并发掘潜在职业兴趣，选择与兴趣匹配的专业尤为重要。比如喜欢动手操作、拆装机器设备可考虑计算机、人工智能、机械设计制造及其自动化等专业；喜欢画画，有丰富的想象力和一定的审美能力，可考虑建筑类、设计类专业；对数字敏感，喜欢数据分析，可考虑会计学、统计学等专业。

需注意的是，在以兴趣为重要导向的同时，要从不同角度分析所选择的专业是否适合自己，这就涉及自身性格、学科特长、学校专业实力、师资力量等一系列主观和客观因素。

（二）家庭背景对专业选择的影响

家庭背景指的是家庭的经济状况及父母的职业情况、文化知识水平、眼界、人脉关系等，这些隐性因素也会在某种程度上影响考生的专业选择。具体表现为：一般工薪家庭的父母更希望子女选择经济回报率较高的技术类职业，如计算机类、电子信息类、医学类等；而文化水平越高、职业层次越高、人脉越广的父母，对子女的专业选择意识更强，更倾向于让他们选择那些在家庭帮助下可以更好就业的专业，如父母是从事法律工作的，可能会优先考虑让孩子学习法学专业；父母是医生的，可能会优先考虑让孩子学医。

当然，每个家庭的具体情况不同，家庭背景对考生专业选择的影响程度也不同，也存在孩子不愿意选择父母希望其选择的相关专业的情况。但不可否认，近年来考生在进行专业选择时，越来越重视家庭背景因素。

（三）专业就业前景及行业发展对专业选择的影响

选择专业从某种程度上来说就是选择自己未来的就业方向。因此，在进行专业选择时，考生和家长都较为重视专业的就业前景及未来的行业发展。从 2022 年各省录取数据来看，外语"暴跌"、土木"断档"，反映出考生和家长普遍不看好外贸行业和建筑行业。

行业情况、从业人员的工作状态影响着考生及家长的专业选择。昔日的热门专业"光环"不再，逐渐被考生和家长"冷落"，而与之形成鲜明对比的是"新工科"专业的崛起。猎聘《2022 上半年中高端人才就业趋势报告》显示，人工智能、计算机、半导体等相关专业的毕业生在如今的就业市场上更受欢迎，这些专业必然会受到考生和家长的青睐。

五　研究结论和启示

1. 研究结论和发现

本报告通过对浙江省、山东省、河北省的学生填报志愿选择专业趋势进

行调查，发现新高考改革后考生的专业选择正在发生较大变化：由经济管理类向理工类转移；法学类在不同地区热度不一，在北方地区，法学专业依旧保持一定热度，可能与公务员招考人数较多有关，显示了北方考生在选择专业时呈现的趋稳态势；而在南方地区，法学专业热度下降，显示了经济发展对于学生选择专业的明显影响。研究具体结论如下。

第一，工学门类和管理学门类是本科投档计划数最多的门类。

第二，本科投档计划数前20专业中，大部分专业2022年的位次占比相对于2021年是整体上升的。

第三，位次占比和位次均上升的专业，学生认可度较高、报考意愿较强。

第四，位次占比和位次均下降的专业，在绝大多数院校中招生情况不理想，考生报考意愿不强。

第五，位次下降院校占比较高的专业，考生报考意愿普遍不强。

2. 研究不足和展望

尽管本报告已经分析了不同新高考省份学生填报志愿选择专业趋势变化，但仍存在以下不足之处。

第一，研究仅针对浙江省、山东省、河北省进行了调查，可能无法完全代表其他地区的情况。

第二，在数据分析过程中，可能存在一定程度的偏差，需要进一步优化。

第三，研究未探讨学生在实际选择专业过程中对院校招生计划数量变化的考量。

研究展望如下。

第一，通过扩大样本量，统计和分析更多新高考地区学生的专业选择趋势变化，提高研究结果的普适性和代表性。

第二，提高数据分析的系统化水平，确保从更多维度分析专业选择趋势变化。

第三，结合实际情况，进一步分析学生在了解大学专业过程中的专业选择趋势变化。

3. 对学生生涯规划（选科选课、志愿填报）的建议

根据研究的发现和结论，本报告提出以下建议。

第一，高中生要进一步强化生涯规划意识，充分了解自己的兴趣和特长，避免盲目跟风或受他人影响。同时，要关注专业的发展前景和就业形势。

第二，可以积极寻求学长、学姐的建议，但最终决策还是要基于自己的实际情况和需求。

第三，高中和大学有必要进一步做好教育衔接，进一步解决高中生生涯规划教育师资不足、专业能力不足和教学资源不足的问题，加强高中生的专业教育、行业教育等。

第四，高校有必要进一步在学科调整、专业设置方面适应社会发展趋势，促进学生的全面发展。

调查篇

B.4
学生视角下的高中生涯规划调查报告

王严淞 张煜浩 徐亚楠*

摘 要： 在新高考背景下，高中生涯规划不仅有助于学生理性选择选考科目和填写高考志愿，更有助于学生科学规划未来职业发展路径，从而提升学生的专业录取满意度。本报告基于调查问卷数据，分别从高中对生涯规划的支持、学生生涯规划准备、学生大学学业规划以及学生未来职业规划四个方面总结我国高中生涯规划情况。调查结果显示：我国高中生涯规划教育逐年加强，形式多样且内容丰富；高中生的生涯规划开始时间较为合理且准备形式较为多样；学生对就读院校的层次期望较为理性，具有一定的专业选择意识，专业选择更强调就业、兴趣等，更看重大学授课教师的教学能力与经历；学生更倾向于从事教育、计算机、医学、金融、管理等行业，对历史、农学等领域兴趣较低。通过调查发现：针对高三年级的生涯规划教育有待进

* 王严淞，北京体育大学教育学院讲师、硕士生导师，主要研究方向为高等教育理论、教育经济管理、大学生发展等；张煜浩，北京体育大学硕士研究生，主要研究方向为排球教学与训练；徐亚楠，北京体育大学硕士研究生，主要研究方向为学生发展、学校体育学。

一步加强；需要重点关注部分处于迷茫状态、尚未开展生涯规划的学生；学生在专业选择方面仍有较大提升空间，基于专业选择的选科意识也有待进一步增强；学生的职业规划准备工作有待进一步优化。

关键词： 生涯规划教育　职业规划　学业规划

为了全面准确地了解中国高中生的未来职业发展状况，2022～2023 年，北京大学教育学院高中教育大数据实验室和中国教育发展战略学会高中教育专业委员会成立课题组，对全国高中生（准高一、准高二、准高三）进行了问卷调查，共回收 1996 份有效问卷。本报告基于调查问卷数据，对生涯规划部分进行专门分析，包括生涯规划准备情况、大学选择和专业期望、职业规划等方面，以期较为全面客观地展现高中生涯规划情况。

一　调查对象及说明

（一）样本学生的性别和年级分布

从性别来看，男生共有 912 人，占 45.69%；女生共有 1084 人，占 54.31%。总体来看，样本学生的性别分布较为均衡。

从年级来看，样本学生在高中各个年级段均有涉及。其中，高三人数最多，共有 837 人，女生占 54.00%，男生占 46.00%；高二共有 728 人，女生占 54.30%，男生占 45.70%；高一共有 431 人，女生占 55.00%，男生占 45.00%（见图 1）。

（二）样本学生的高考地区分布

从高考地区分布情况来看，样本数据中考生来源地几乎涉及各个省份，且与各地区考生规模基本一致。其中，9.20% 的学生来自江苏，占比最高；来自西藏自治区的学生占比最低，仅为 0.10%。

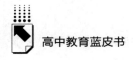

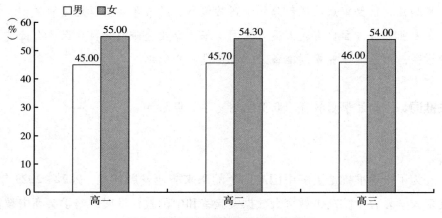

图1 不同年级学生的性别分布情况

（三）样本学生的成绩排名分布

从年级排名来看，样本学生成绩排名基本符合正态分布，反映出样本具有较强的代表性。成绩排在年级前10%的学生占比为11.97%，成绩排在年级11%~30%的学生占比为23.25%，成绩排在年级31%~50%的学生占比为21.59%，成绩排在年级51%~70%的学生占比为19.24%，成绩排在年级71%~90%的学生占比为9.62%，成绩排在年级后10%的学生占比为4.21%，还有10.12%的学生不清楚自己的排名（见图2）。

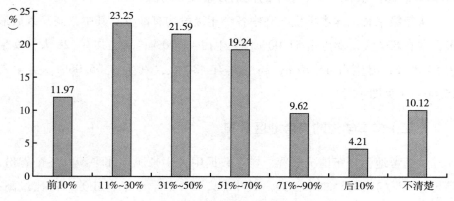

图2 样本学生的成绩年级排名分布情况

（四）样本学生的选科情况

1. 确定选科情况

在被调查的学生中，已确定选科的有1539人，占77.10%；暂未确定选科的有447人，占22.39%；还有0.51%的学生不清楚选科情况。总体来看，已确定选科学生的比例较高。

在暂未确定选科的原因方面，数据显示，52.38%的学生是由于学校尚未开始选科，还没开始考虑；23.81%的学生是由于不清楚新高考选科政策，需要老师指导；还有23.81%的学生需要和父母商量，主要看父母意见。

2. 选科组合情况

传统文理科组合依旧是选科的主流。数据显示，在已确定选科的学生中，选择纯理科即物化生组合的学生有659人，占42.82%；选择纯文科即政史地组合的学生有358人，占23.26%；选择其他学科组合的学生有522人，占33.92%。

在选择其他学科组合的学生中，选择物化地的学生最多，有153人，占29.31%；选择物化政的有107人，占20.50%；选择物生地的有83人，占15.90%；选择生政史的有54人，占10.34%；选择物生政的有36人，占6.90%；选择生史地的有28人，占5.36%；选择物化技的有11人，占2.11%；选择物政地的有9人，占1.72%；人数占比较低的学科组合有物化史、生政地、物史地、史地技、化史地、化政史、化生地、政地技、物政史、化生政、物生史、生地技、化生史，占比分别为1.15%、1.15%、0.77%、0.77%、0.57%、0.57%、0.57%、0.57%、0.38%、0.38%、0.38%、0.38%、0.19%（见图3）。

数据结果显示，男生中有50.28%选择了物化生，16.20%选择了政史地；女生中有36.43%选择了物化生，29.31%选择了政史地（见图4）。总体来看，男生更倾向于选择理科，女生更倾向于选择文科。

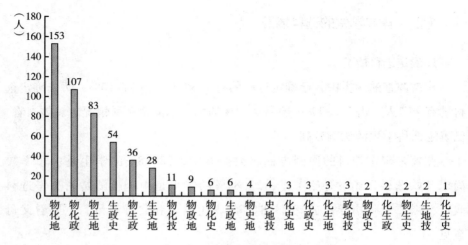

图3 样本学生的其他学科组合选择情况

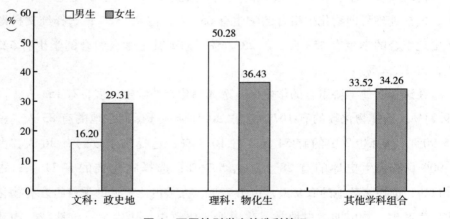

图4 不同性别学生的选科情况

3. 选科自由程度

可以自由选择任何学科组合的学生依旧较少。数据显示，仅能在学校提供的学科组合中进行选择的学生占55.82%，可以选择任何学科组合的学生占38.21%，学科选择完全由学校和老师安排的学生占5.98%。由此可见，学科组合的选择自由度有待进一步提高。

4. 选科考虑因素

总体来看，学生在选科时更多考虑的因素是自身对学科的兴趣，其次是该学科的平时成绩较好、想报考的专业要求选考该学科、该学科在志愿填报时的选择范围以及喜欢该学科老师的上课风格。相比之下，咨询市场机构、亲朋好友的建议对学生选科的影响较小（见图5）。

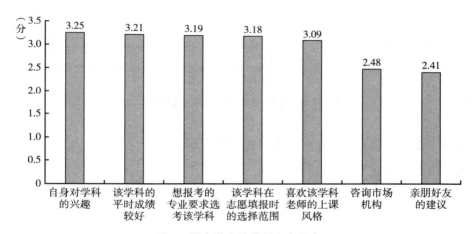

图5　样本学生的选科考虑因素

二　高中对生涯规划的支持

（一）生涯规划指导

1105 名学生表示所在高中没有开展生涯规划指导。值得注意的是，在所在高中开展生涯规划指导的学生中，561 名学生表示所在高中开设生涯规划相关课程，占比最高，其他方面依次是开发生涯规划相关的校本教材、开展职业体验类的实践活动、有专职的生涯规划教师、有兼职的生涯规划教师（见图6）。

不同年级学生所在高中的生涯规划指导情况不尽相同。整体来看，同一

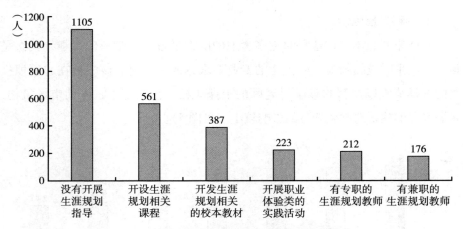

图6　样本学生所在高中的生涯规划指导情况

时期，高三年级学生所在高中未开展生涯规划指导的比例最高，高二次之，高一最少（见图7）。

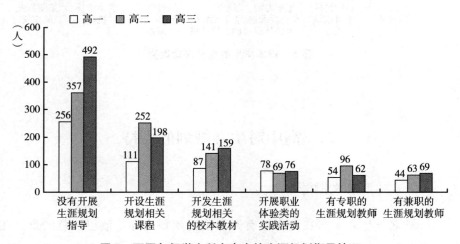

图7　不同年级学生所在高中的生涯规划指导情况

（二）生涯教育内容

生涯教育内容主要包括"认识自我，进行未来规划""大学专业设置介绍""社会职业及工作情况介绍""大学专业培养模式介绍""学长、学姐的升学经验分享""成功校友职业经验分享"6个方面。如图8所示，有1784名学生表示学校提供的生涯教育包括"认识自我，进行未来规划"，占89.38%；此外，"大学专业设置介绍""社会职业及工作情况介绍""大学专业培养模式介绍"占比也较高，分别为68.14%、65.73%、56.06%。相对来说，"学长、学姐的升学经验分享""成功校友职业经验分享"的占比较低，分别占51.40%、46.44%。

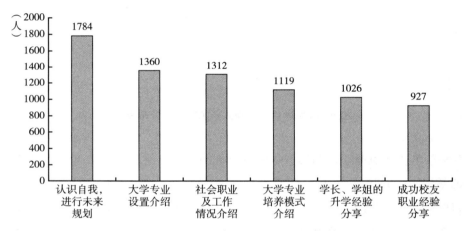

图8　样本学生所在高中的生涯教育内容情况

三　学生生涯规划准备

（一）生涯规划的开始时间

大部分学生在进入高中之后开始进行生涯规划。如图9所示，在六年级及以前进行生涯规划的学生占4.01%；从七年级开始进行生涯规划的学生占4.96%；从八年级开始进行生涯规划的学生占6.56%；从九年级开始进行生涯规划的学生占18.79%。而高达65.68%的学生在高中后才开始进行生涯规划。

总体来讲，成绩越好的学生，开始进行生涯规划的时间越早。如图10所示，从六年级及以前做出生涯规划的学生情况来看，成绩排在年级前

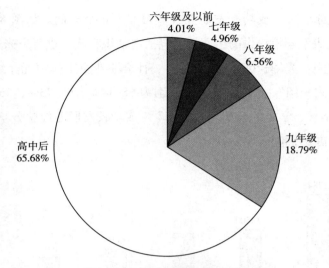

图9 样本学生生涯规划开始时间的分布情况

50%的学生比例高于成绩排在年级后50%的学生比例。成绩排在年级前10%的学生中，8.4%的人在六年级及以前就做出了生涯规划；成绩排在年级11%~30%的学生中，4.5%的人在六年级及以前就做出了生涯规划；成绩排在年级31%~50%的学生中，4.2%的人在六年级及以前就做出了生涯规划。而成绩排在年级51%~70%、71%~90%和后10%的学生中，在六年级及以前就做出了生涯规划的分别占1.6%、3.7%、2.4%。

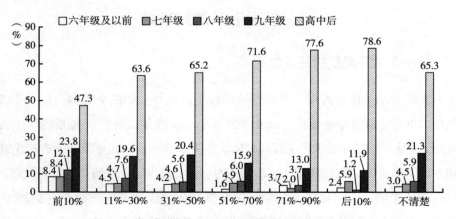

图10 不同成绩学生的生涯规划开始时间分布情况

从七年级做出生涯规划的情况来看，成绩排在年级前50%的学生比例高于成绩排在年级后50%的学生比例。成绩排在年级前10%的学生中，8.4%的人在七年级做出了生涯规划；成绩排在年级11%～30%的学生中，4.7%的人在七年级做出了生涯规划；成绩排在年级31%～50%的学生中，4.6%的人在七年级做出了生涯规划。而成绩排在年级51%～70%、71%～90%和后10%的学生中，在七年级做出生涯规划的分别占4.9%、2.0%、5.9%。

从八年级做出生涯规划的学生情况来看，成绩排在年级前50%的学生比例高于成绩排在年级后50%的学生比例。成绩排在年级前10%的学生中，12.1%的人在八年级做出了生涯规划；成绩排在年级11%～30%的学生中，7.6%的人在八年级做出了生涯规划；成绩排在年级31%～50%的学生中，5.6%的人在八年级做出了生涯规划。而成绩排在年级51%～70%、71%～90%和后10%的学生中，在八年级做出生涯规划的分别占6.0%、3.7%、1.2%。

从九年级做出生涯规划的学生情况来看，成绩排在年级前50%的学生比例高于成绩排在年级后50%的学生比例。成绩排在年级前10%的学生中，23.8%的人在九年级做出了生涯规划；成绩排在年级11%～30%的学生中，19.6%的人在九年级做出了生涯规划；成绩排在年级31%～50%的学生中，20.4%的人在九年级做出了生涯规划。而成绩排在年级51%～70%、71%～90%和后10%的学生中，在九年级做出生涯规划的分别占15.9%、13.0%、11.9%。

从高中后做出生涯规划的学生情况来看，成绩排在年级前50%的学生比例低于成绩排在年级后50%的学生比例。成绩排在年级前10%的学生中，47.3%的人在高中后做出了生涯规划；成绩排在年级11%～30%的学生中，63.6%的人在高中后做出了生涯规划；成绩排在年级31%～50%的学生中，65.2%的人在高中后做出了生涯规划。而成绩排在年级51%～70%、71%～90%和后10%的学生中，在高中后做出生涯规划的分别占71.6%、77.6%、78.6%。

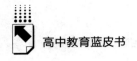

（二）生涯规划准备

关于学生对于生涯规划做过哪些准备，如图 11 所示，有 936 名学生提前了解大学专业（占 46.89%）；有 817 名学生提前了解就业前景（占 40.93%）；有 701 名学生提前了解大学招生信息（占 35.12%）。值得注意的是，33.57% 的学生对于生涯规划没有准备，这反映了仍有不少学生正处于迷茫状态，需要家庭和学校进行积极的引导。

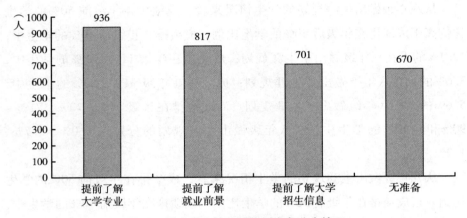

图 11　样本学生的生涯规划准备分布情况

四　学生大学学业规划

（一）就读院校层次期望

1. 样本学生就读院校层次期望的整体情况

有 9.17% 的学生期望就读"双一流"名校；10.72% 的学生期望就读院校层次在"985"及以上；26.20% 的学生选择了"211"及以上；49.15% 的学生期望就读院校层次为本科及以上。值得注意的是，3.41% 的学生对未来就读院校暂无期望（见图 12）。

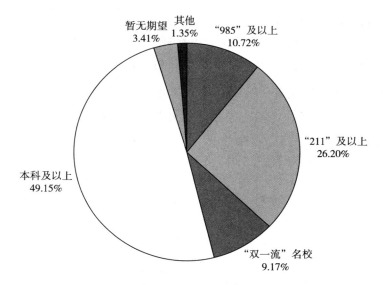

图 12　样本学生期望的就读院校层次分布情况

2. 不同性别学生的就读院校层次期望

整体来看，期望就读院校层次为"双一流"名校的男生比例稍高于女生。但同时值得注意的是，对于就读院校层次暂无期望的男生比例高于女生，这说明男生更容易出现院校选择迷茫的情况（见图 13）。

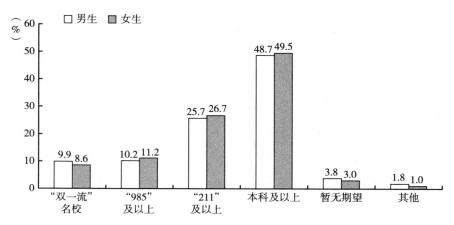

图 13　不同性别学生期望的就读院校层次分布情况

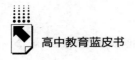

3. 不同年级学生的就读院校层次期望

不同年级学生的就读院校层次期望有所不同。从大趋势来看，随着年级的升高，学生对于未来大学的期望有降低的趋势。学生对进入"双一流"名校的期望整体呈现随着年级的升高而降低的趋势，高一学生中有 12.8%选择"双一流"名校，而高三学生中仅有 8.4%选择"双一流"名校。此外，学生对于"211"及以上和"985"及以上高校的期望也呈现随年级升高而降低的趋势（见图 14）。

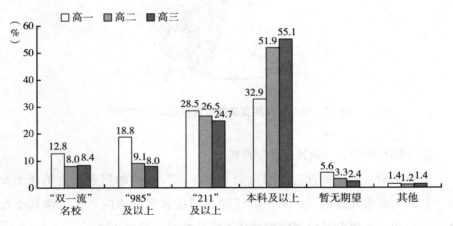

图 14　不同年级学生的就读院校层次期望分布情况

4. 不同成绩学生的就读院校层次期望

不同成绩的学生在选择未来期望就读的院校时呈现较大的差异。

从期望就读于"双一流"名校的学生情况来看，成绩排在年级前 10%的学生期望就读于"双一流"名校的比例高于其他学生。具体来说，21%的成绩排在年级前 10%的学生期望进入"双一流"名校。而期望就读于"双一流"名校的成绩排在年级 11%~30%的学生占 10%，成绩排在年级31%~50%的学生占 7%，成绩排在年级 51%~70%的学生占 5%（见图 15）。

从期望就读于"985"及以上高校的学生情况来看，成绩越好，期望就读于"985"及以上高校的学生比例越高。在成绩排在年级前 10%的学生中，24%的学生期望就读于"985"及以上高校；在成绩排在年级 11%~

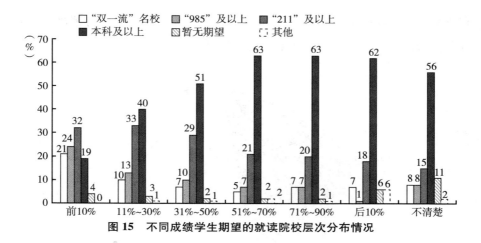

图 15　不同成绩学生期望的就读院校层次分布情况

30%的学生中，13%的学生期望就读于"985"及以上高校；在成绩排在年级31%～50%的学生中，10%的学生期望就读于"985"及以上高校；在成绩排在年级51%～70%的学生中，7%的学生期望就读于"985"及以上高校；而成绩排在年级后10%的学生中，期望就读于"985"及以上高校的仅占1%。

从期望就读于"211"及以上高校的学生情况来看，总体呈现成绩越好、比例越高的趋势。成绩排在年级前10%、11%～30%、31%～50%的学生中，期望就读于"211"及以上高校的占比分别为32%、33%、29%。相比之下，成绩排在年级51%～70%、71%～90%、后10%的学生中，期望就读于"211"及以上高校的占比均较低，分别为21%、20%、18%。

从期望就读于本科及以上高校的学生情况来看，占比最高是成绩排在年级51%～70%和71%～90%的学生，均为63%；其次是成绩排在年级后10%的学生，占比为62%。但是，成绩排在年级前10%的学生中，期望就读于本科及以上高校的仅占19%，这与他们对自己期望较高的现实相符。

（二）专业选择规划

1. 样本学生专业选择规划的整体情况

如图 16 所示，有 1036 名学生表示已经有大致的专业方向，占 51.90%；

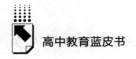

有709名学生表示没有规划，占35.52%；9.62%的学生表示有清晰的专业方向；而仅有2.96%的学生确定了具体专业。

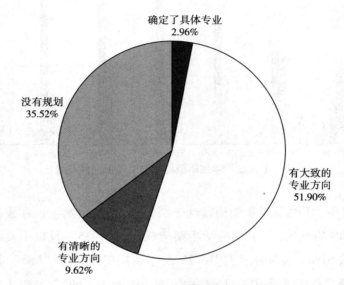

图16 样本学生专业选择规划的整体情况

2. 不同性别学生的专业选择规划

如图17所示，确定了具体专业的女生比例高于男生，没有规划的女生比例低于男生，这表明男生在专业选择规划方面的迷茫程度相对较高。

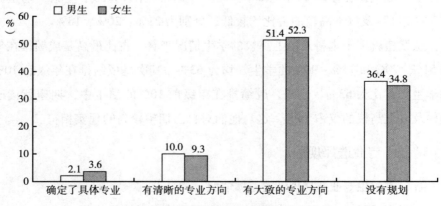

图17 不同性别学生的专业选择规划情况

3. 不同年级学生的专业选择规划

总体来讲，随着年级的升高，学生的专业方向逐渐明确。确定了具体专业的高三学生的比例明显高于高二和高一学生的比例；而没有规划的高一学生的比例明显高于高二、高三学生的比例（见图18）。

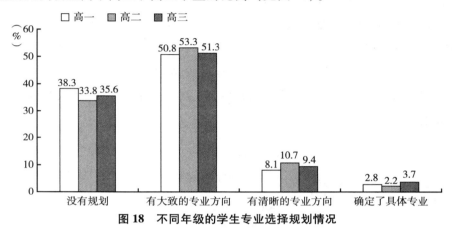

图18　不同年级的学生专业选择规划情况

4. 不同成绩学生的专业选择规划

总体来讲，成绩好的学生比成绩较差的学生有更为清晰的专业方向。成绩排在年级前10%的学生中，13.8%的学生有清晰的专业方向，相较于其他成绩等级选择该项的学生占比更高（见图19）。而成绩排名越靠后的学生，越缺乏专业选择规划。

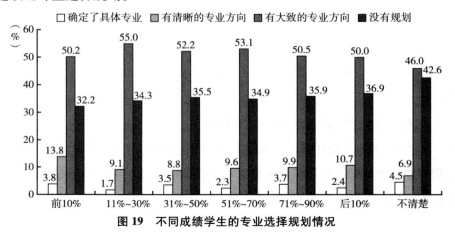

图19　不同成绩学生的专业选择规划情况

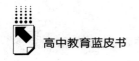
（三）专业选择考虑因素

1. 样本学生专业选择考虑因素的整体情况

大部分学生在选择专业时，往往优先考虑就业升学前景，其次是个人兴趣，再次是学校优势专业（见图 20）。有 55.6% 的学生在专业选择时考虑该专业的就业升学前景；34.6% 的学生在专业选择时考虑个人兴趣；5.1% 的学生会考虑学校优势专业；少数学生会考虑新高考科目限制，仅占 1.8%。这表明学生在科目限制与专业选择方面的意识有待进一步增强。

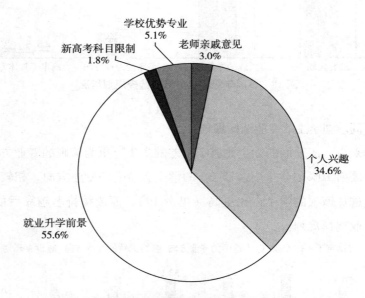

图 20　样本学生专业选择考虑因素的整体情况

2. 不同性别学生的专业选择考虑因素

如图 21 所示，整体来看，在选择专业时，男生和女生更多考虑个人兴趣和就业升学前景。此外，女生更关注学校优势专业，男生则更重视新高考科目限制以及老师和亲戚意见。

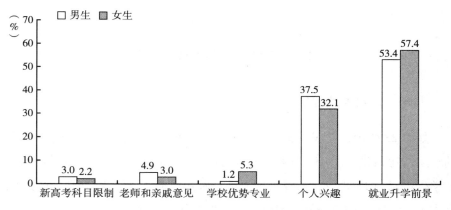

图21 不同性别学生的专业选择考虑因素情况

（四）对授课教师的期待

总体来看，在对授课教师的期待方面，相比"学历过硬、名校毕业"，学生更重视教师的教学能力与教学经历。具体来说，如图22所示，1568名学生期望自己的老师"教学方法高效，由浅入深"，占比为78.56%；1554名学生期望自己的老师"幽默有趣，能调动学习兴趣"，占比为77.86%；1313名学生期望自己的老师"有丰富的教学经历"，占比为65.78%；654名学生期望自己的老师"学历过硬、名校毕业"，占比为32.77%。

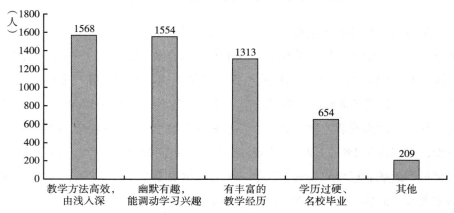

图22 样本学生对授课教师的期待分布情况

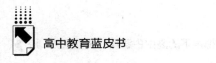

五 学生未来职业规划

（一）职业类型规划

如图 23 所示，在职业类型规划上，选择教师、教务/教学管理、培训师的学生占比最高，为 19.09%；选择工程师/设计师、程序员、数据架构师的学生占比为 15.88%；选择医护人员、医药科研人员、医药代表的学生占比为 12.83%；选择金融行业从业者、财务师/税务师、跨国贸易专员的学生占比为 9.97%；选择行政管理人员、企业管理人员、信息/物流管理人员的学生占比为 9.47%；选择律师、法官、企业法务的学生占比为 9.22%；选择科学家、天文学家、心理学家的学生占比为 7.97%；选择美术/动画设计从业者、演员/主持人、编导/制作人的学生占比为 7.41%；选择图书编辑、媒体运营、小语种教学专家的学生占比为 3.21%。选择博物馆管理员、历史文化研究员、考古研究员、哲学研究员、宗教研究员以及农业生产管理、农业技术开发、动植物科研人员作为未来职业的学生均较少。

（二）职业规划准备情况

学生职业规划准备包括与父母沟通职业理想和规划、与老师沟通职业发展方向、参与职业发展相关社会实践活动、自己查找就业市场的相关资料。总体来看，如图 24 所示，总是或经常与父母沟通职业理想和规划的学生占 32.7%、总是或经常自己查找就业市场的相关资料的学生占 17.9%。而总是或经常与老师沟通职业发展方向、参与职业发展相关社会实践活动的学生均较少，分别占 7.1%、9.8%。值得注意的是，有超过 60% 的学生从不或偶尔与父母沟通职业理想和规划，其他三个方面情况更差。可见，学生在职业规划准备方面的能力和积极性有待进一步提高，需要家长、教师给予更多支持和引导。

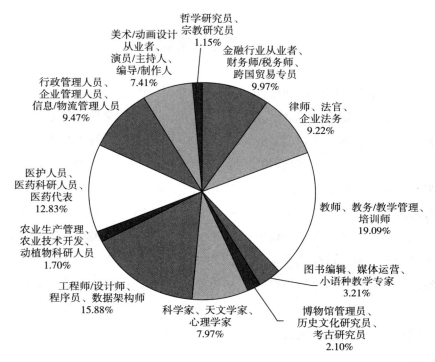

图 23　样本学生职业类型规划的整体情况

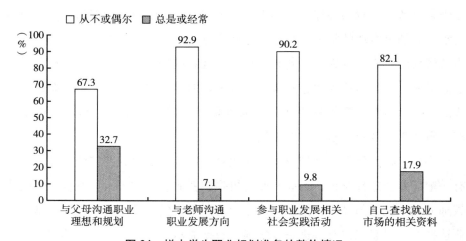

图 24　样本学生职业规划准备的整体情况

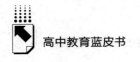

六　结论与建议

本报告基于 1996 份全国高中生调查问卷，分析了高中对生涯规划的支持、学生生涯规划准备、学生大学学业规划以及学生未来职业规划四个方面的数据。样本数据的性别、年级、地区等分布较为合理，样本代表性较强。

首先，在高中对生涯规划的支持方面，我国高中生涯规划教育正在逐年加强，形式多样且内容丰富，但高三年级的生涯规划教育有待进一步加强，仍有超过一半的学生表示所在高中未开展生涯规划指导，但大部分集中在高三年级，没有接受过生涯规划指导的高二和高一学生明显减少。同时，在生涯教育内容方面，目前高中生涯规划教育在"认识自我，进行未来规划""学长、学姐的升学经验分享""成功校友职业经验分享""大学专业设置介绍""大学专业培养模式介绍""社会职业及工作情况介绍"等 6 个方面均有不同程度的涉及，且更关注引导学生认识自我以及介绍大学专业设置和社会职业。

其次，在学生生涯规划准备方面，我国高中生的生涯规划开始时间较为合理且准备形式较为多样，但仍需重点关注部分处于迷茫状态的学生。数据显示，有超过六成的学生在高中后才开始进行生涯规划，这反映了高中生对生涯规划的重视程度更高。同时，在生涯规划准备方面，学生普遍提前了解了大学专业、大学招生信息和就业前景等。但需要注意的是，仍然有超过三成的学生表示在生涯规划方面无任何准备，这部分群体很容易陷入迷茫状态，亟待学校及家长给予更多关注。

再次，在大学学业规划方面，学生对就读院校层次的期望较为理性，具有一定的专业选择意识，选择专业时更强调就业、兴趣等，更看重大学授课教师的教学能力与经历，但在明确专业选择方面仍有较大提升空间，基于专业选择的选科意识也有待进一步增强。数据显示，学生对期望就读的院校层次与院校报考难度、学生学业成绩密切相关。院校报考难度越大，学生对就读该院校的期望越小；学生学业成绩越高，期望就读的院校层次越高。这反映了学生在就读院校期望方面较为理性。在专业选择方面，51.90%的学生有大致的专业方向，这反映了学生的专业选择意识逐步增强。但仍需注意的是，仍然有一定比例的学生表示没有专业规划，对该部分学生应予以重点关注并加强引导。在专业选择考虑因素方面，大部分学生在选择专业时往往优先考虑就业升学前景，其次是个人兴趣，再次是学校优势专业。但关注新高考科目限制的学生比例较低，这表明学生在科目限制与专业选择方面的意识有待进一步增强。

最后，在未来职业规划方面，学生更倾向于从事教育、计算机、医学、金融、管理等行业，但职业规划准备工作有待进一步加强。数据显示，教育、计算机、医学、金融和管理等是当前高中生普遍向往的职业领域，历史、农学等领域的受众比例相对较低。在职业规划准备方面，学生主要与父母沟通职业理想和规划、与老师沟通职业发展方向、参与职业发展相关社会实践活动、自己查找就业市场的相关资料。值得注意的是，六成以上的学生表示从未参与上述4项准备活动，这反映了高中生的职业规划准备工作有待进一步加强。

基于以上调查结论，提出以下建议。

一是在高中支持方面，应该正确认识到高三学生生涯规划教育的重要性和紧迫性，进一步加强高三学生的生涯规划教育，为高三学生提供有针对性的生涯规划指导，形成高质量且高效率的生涯规划支持体系。同时，高中应进一步丰富生涯规划的内容和形式，注重对校友资源的开发和利用，积极邀请成功校友回校，以多种多样的形式进行升学经验和职业经验分享。

二是在学生生涯规划方面，重点关注部分处于迷茫状态的学生，加强对学生生涯规划进度的追踪和管理，对长期处于迷茫状态的学生，应加强学校与家庭的合作，共同引导学生增强生涯规划意识、做好生涯规划。

三是在大学学业规划方面，应进一步引导学生树立实事求是、尊重兴趣、脚踏实地的择校观和教育观。同时，高中应通过多种形式加强学生对新高考科目限制的了解和重视，提高学生的专业选择能力。

四是在职业规划方面，应进一步丰富学生的课外实践活动，尤其是为学

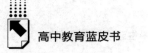

生提供更多的职场体验机会，加强学生对不同职业的认知，树立"不盲从、不跟风"的职业选择观。同时，应积极鼓励学生在高中进行职业规划准备，并以多种形式支持更多学生通过自主查询资料、与父母及老师沟通等方式确定职业理想和职业规划。

B.5
学生家长视角下的高中生涯规划
调查报告

陈其然　史天乐　刘健生　文莘乔*

摘　要： 　学生生涯规划对于个人的成长和未来的成功至关重要，学生家长在学生的生涯规划中扮演了重要角色。为了全面准确了解家长参与高中生生涯规划的现状与特征、家长对高中生学业规划和职业规划的参与情况，北京大学教育学院高中教育大数据实验室课题组在全国范围内对高中学生家长进行了问卷调查。调查发现：家长参与子女生涯规划起步较晚，了解信息侧重点不同，沟通对生涯规划有促进作用；升学压力倒逼家长进行生涯规划，侧重点有地区差异，学校生涯教育仍需加强。针对以上发现，本报告提出如下建议：家长应尽早树立生涯规划意识，信息检索应尽可能全面；家长应拓展有关升学路径的认知，全面了解多种升学选择和最新政策，鼓励子女结合自身特点选择发展路径；家长应对子女未来的专业选择和从事的职业类型保持开放的心态，在了解学生的兴趣和能力的基础上对其专业选择和职业类型开展规划、提出建议。

关键词： 　新高考　生涯规划　学生家长　高中教育

一　数据说明

生涯规划是个体对自己职业生涯乃至人生所进行的长期性系统计划，是

---

* 陈其然，清华大学教育研究院研究助理，主要研究方向为教育经济与管理、大学生发展、教育评价改革等；史天乐，清华大学教育研究院硕士研究生，主要研究方向为教育经济与管理、大学生学习与发展；刘健生，北京大学光华管理学院本科生，主要研究方向为教育经济与管理；文莘乔，北京大学教育学院硕士研究生，主要研究方向为教育经济与管理。

个体根据其智慧、习性、价值以及优势与不足规划未来生涯发展的历程。学生家长在生涯规划中扮演了重要角色。为了全面准确了解家长参与高中生生涯规划的现状与特征、家长对高中生的学业规划和职业规划的影响，北京大学教育学院高中教育大数据实验室课题组于2023年5~6月在全国范围内对高中生家长进行了问卷调查。此次调查共向家长发放问卷3000份，回收问卷2677份，回收率为89.23%，保证了数据分析结果的科学性和可靠性。

借鉴国家统计局地区分布标准，本报告基于调查数据，将被调查家长的所在地划分为4个地区，分别是：东部地区，包括北京、天津、河北、上海、江苏、浙江、福建、山东、广东、海南；中部地区，包括山西、安徽、江西、河南、湖北和湖南；西部地区，包括内蒙古、广西、重庆、四川、贵州、云南、西藏、陕西、甘肃、青海、宁夏和新疆；东北地区，包括辽宁、吉林和黑龙江。样本家长的地区分布情况如图1所示，来自东部地区的家长有1315人，占49.12%；来自中部地区的家长有734人，占27.42%；来自西部地区的家长有492人，占18.38%；来自东北地区的家长有136人，占5.08%。

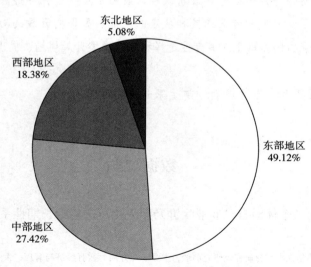

图1 样本家长的地区分布情况

样本家长的子女性别分布、年级分布、校园生活方式分布情况如图 2、图 3、图 4 所示。性别分布上，男生的家长有 1387 人，占 51.81%；女生的家长有 1290 人，占 48.19%。年级分布上，高一学生家长有 1253 人，占 46.81%；高二学生家长有 989 人，占 36.94%；高三年级学生家长有 435 人，占 16.25%。校园生活方式分布上，子女住校的家长有 1589 人，占 59.36%；子女走读的家长有 1088 人，占 40.64%。

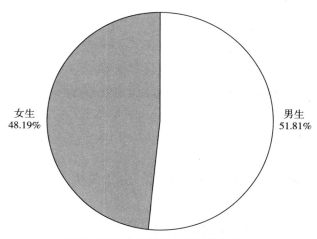

图 2　样本家长的子女性别分布情况

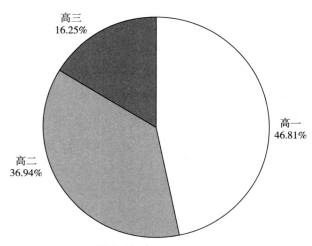

图 3　样本家长的子女年级分布情况

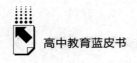

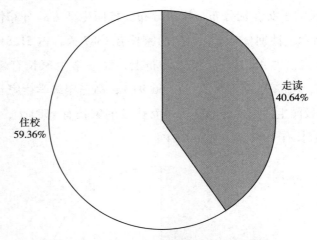

图 4 样本家长的子女校园生活方式分布情况

二 家长参与学生生涯规划的现状与特征分析

（一）家长参与子女生涯规划的现状

1. 大部分家长从子女上高中后才开始为其进行生涯规划

如图 5 所示，从三年级到九年级开始为子女进行生涯规划的家长分别有 116 人、43 人、71 人、106 人、286 人、126 人、347 人。按照不同教育阶段划分，从小学阶段（三年级至六年级）开始为子女进行生涯规划的家长共有 336 人，占比为 12.55%；从初中阶段（七年级至九年级）开始为子女进行生涯规划的家长共有 759 人，占比为 28.35%；从高中后开始为子女进行生涯规划的家长共有 1582 人，占比为 59.10%。可以发现，大部分家长是从高中开始进行子女的生涯规划的，中小学家长普遍缺乏生涯规划意识。

2. 家长的准备主要集中在对就业前景的了解

关于家长为子女的生涯规划所做准备的调查数据显示（见图 6），首先，

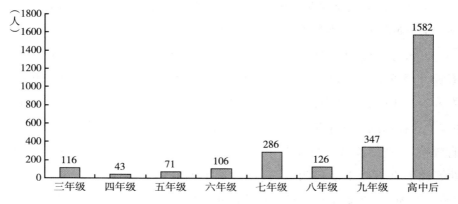

图5 样本家长为子女进行生涯规划的时间分布

大部分家长提前了解了就业前景，选择该选项的有1264人；其次，家长提前了解了大学招生信息，选择该选项的有1156人；再次，家长提前了解了大学专业，选择该选项的有1088人；最后，表示无准备的家长有854人。在大部分家长的意识中，子女教育是以就业为导向的，于是呈现"先了解就业前景，再了解大学招生信息和专业"的特征。不可忽视的是，仍有一定比例的家长没有为子女的生涯规划做相关准备，这可能是由于家长缺乏生涯规划意识和生涯规划途径。

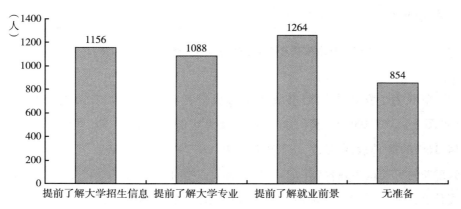

图6 样本家长为子女的生涯规划所做的准备

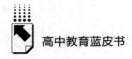

3. 大部分家长能发现子女学习问题，但在家庭教育投入效果一般的情况下，家长倾向于将问题归因于学校

家长与子女平时沟通的主要学习问题的调查数据显示（见图7），多数家长（1522人）反映学生学习中的问题主要集中在"不会做错题分析和试卷分析，知识漏洞越来越多"；其次是"不会做学习规划，盲目学习没有方向"，选择该选项的家长有1473人；再次是"无法定位学习短板，努力没有效果"，选择该选项的家长有1314人；然后是"遇到问题没有人帮助解决，孩子也不会主动提问"，选择该选项的家长有1031人；最后，反映"校内老师无法实时关注孩子，一放假就不学习"以及认为"孩子平时不和自己沟通学习问题"的家长分别有847人和698人。这些数据可以反映出大部分家长可以通过沟通发现子女的学习问题。

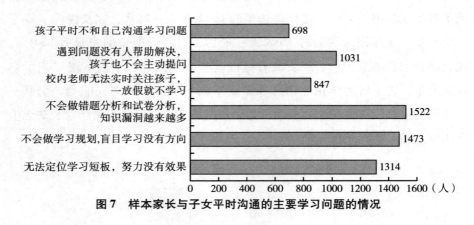

图7　样本家长与子女平时沟通的主要学习问题的情况

家长为子女购买教辅书或者学习机等教育辅助工具的调查数据显示（见图8），67.05%的家长表示为子女买过教育辅助工具，但效果一般；14.16%的家长表示买过，但效果很差；9.34%的家长表示没买过；仅有5.53%的家长认为教育辅助工具效果显著；同时有3.92%的家长表示不知道买什么。综上可知，目前市场上的教育辅助工具并不能满足家长对子女的教育需求，同时存在教育供给和需求不匹配的情况。

家长认为造成子女学习问题的主要原因的调查数据显示（见图9），大

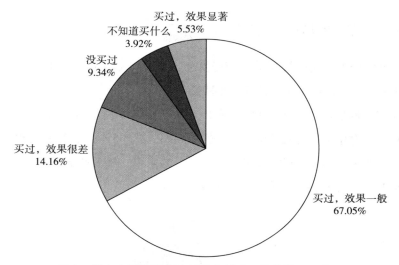

图8　样本家长为子女购买教育辅助工具的情况及效果

部分家长将子女学习问题归因于"班里人太多，老师没办法一直关注孩子"，选择该选项的家长达到 1522 人；有 1473 名家长将子女学习问题归因于"学校教学进度太快，孩子跟不上"；有 1314 名家长将子女学习问题归因于"学校优质教学资源不足"；有 1031 名家长将子女学习问题归因于"自己对孩子的关注度不够"；有 847 名家长将子女学习问题归因于"孩子的学习兴趣和动力不足"。根据家长对子女学习问题的归因主体排序，家长更倾向于将问题归因于学校，其次是自身，最后是子女。

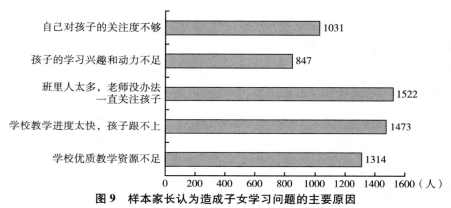

图9　样本家长认为造成子女学习问题的主要原因

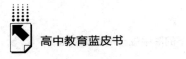

（二）家长参与子女生涯规划的特征

1. 升学压力倒逼家长开始参与子女生涯规划，起始时间呈现"东部、西部地区早，中部、东北地区较晚"的特征

调查数据显示，有 59.10% 的家长是从子女高中阶段才开始参与其生涯规划的；子女生涯规划始于初中阶段的家长占 28.35%；子女生涯规划始于小学阶段的家长占 12.55%（见图 10）。总的来说，随着受教育阶段的提升，越来越多家长开始关注子女的生涯规划。

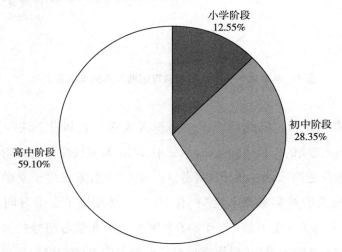

图 10 样本家长参与子女生涯规划的起始时间

按照地区来看，在东部地区，小学阶段开始参与子女生涯规划的家长占比为 13.23%，初中阶段的占比为 27.30%，高中阶段的占比为 59.47%；在中部地区，小学阶段开始参与子女生涯规划的家长占比为 11.99%，初中阶段的占比为 28.07%，高中阶段的占比为 59.95%；在西部地区，小学阶段开始参与子女生涯规划的家长占比为 13.41%，初中阶段的占比为 32.11%，高中阶段的占比为 54.47%；在东北地区，小学阶段开始参与子女生涯规划的家长占比为 5.88%，初中阶段的占比为 26.47%，高中阶段的占比为 67.65%（见表 1）。

表1 样本家长参与子女生涯规划起始时间的地区差异

单位：人，%

阶段	东部地区	占比	中部地区	占比	西部地区	占比	东北地区	占比
小学阶段	174	13.23	88	11.99	66	13.41	8	5.88
初中阶段	359	27.30	206	28.07	158	32.11	36	26.47
高中阶段	782	59.47	440	59.95	268	54.47	92	67.65
合计	1315	100	734	100.02	492	99.99	136	100

注：因四舍五入，中部地区和西部地区百分比之和不等于100%。

在小学阶段开始参与子女生涯规划的东部地区家长占比较高，这可能是由于东部地区家长有超前的教育意识和较高的教育期望；在高中阶段开始参与子女生涯规划的东北地区家长占比较高，这可能是由于东北地区基础教育阶段升学压力较小，高中阶段升学压力相对较大；相较于其他地区，在高中阶段开始参与子女生涯规划的西部地区家长占比较低，这可能与西部地区高中阶段的入学率低、入学机会较少有关。

2. 家长为子女生涯规划所做的准备存在区域差异

调查数据显示，在东部地区，27.72%的家长会提前了解大学招生信息，25.22%的家长会提前了解大学专业，28.60%的家长会提前了解就业前景，18.45%的家长表示无准备。在中部地区，25.06%的家长会提前了解大学招生信息，24.11%的家长会提前了解大学专业，28.61%的家长会提前了解就业前景，22.21%的家长表示无准备。在西部地区，25.46%的家长会提前了解大学招生信息，25.46%的家长会提前了解大学专业，30.66%的家长会提前了解就业前景，18.42%的家长表示无准备。在东北地区，25.94%的家长会提前了解大学招生信息，24.69%的家长会提前了解大学专业，28.45%的家长会提前了解就业前景，20.92%的家长表示无准备（见图11）。

数据显示，家长为子女生涯规划所做的不同准备也呈现一定的地区差异。在提前了解大学招生信息和大学专业方面，中部地区家长呈现更强的倾向性，60.49%的中部地区家长会提前了解大学招生信息，61.99%的中部地区家长会提前了解大学专业（见图12、图13）。这可能与中部地区学生有较大的高考压力、高等教育资源紧缺等社会背景相关。

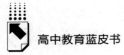

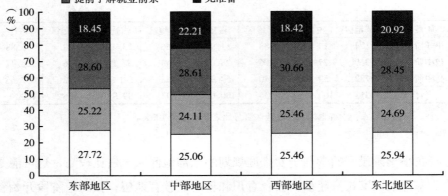

图 11　样本家长为子女生涯规划所做准备的地区特征

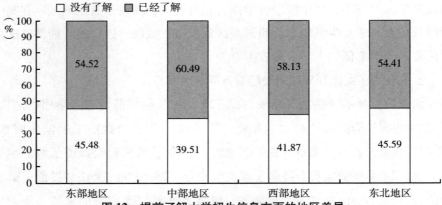

图 12　提前了解大学招生信息方面的地区差异

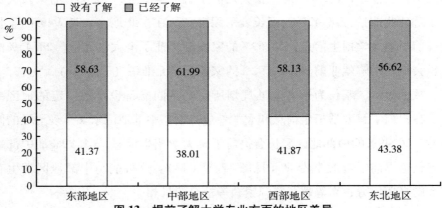

图 13　提前了解大学专业方面的地区差异

3. 家长对学校生涯规划教育的需求呈现多样化、个性化的特征，学校生涯规划教育不能满足相应需求

本报告调查了家长对子女所在高中在生涯规划教育（包括认识自我、了解大学、职业等教育活动等）方面的需求。首先，对子女所在高中开展生涯规划教育情况的调查显示，大部分家长（1661 人）反映子女所在高中没有开展生涯规划指导；570 名家长反映子女所在高中开设了生涯规划相关的课程；反映子女所在高中有兼职的生涯规划教师、有专职的生涯规划教师、开展了职业体验类的实践活动、开发了生涯规划相关的校本教材的家长有 190~350 人（见图 14）。这说明目前高中生涯规划教育不成熟、不完善，仍有较大的提升空间。

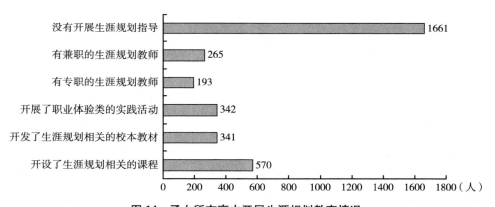

图 14　子女所在高中开展生涯规划教育情况

其次，对家长关于生涯规划教育内容的想法的调查数据显示，大部分家长（2374 人）认为生涯规划教育中应包含"如何认识自我、进行未来规划"，1708 名家长认为生涯规划教育中应包含"社会职业及工作情况介绍"，1599 名家长认为生涯规划教育中应包含"大学专业培养模式介绍"，1327 名家长认为生涯规划教育中应包含"大学专业介绍"，1246 名家长认为生涯规划教育中应包含"成功校友职业经验分享"，1238 名家长认为生涯规划教育中应包含"学长、学姐的升学经验分享"（见图 15）。这一调查结果对学校开展和完善生涯规划教育有重要的参考价值。

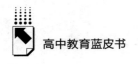
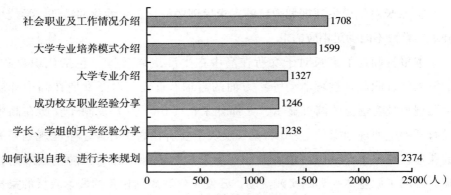

图15　样本家长关于生涯规划教育内容的想法

（三）小结

1. 家长参与子女生涯规划起步较晚，了解信息侧重点不同，沟通对生涯规划有促进作用

通过上述对家长参与子女生涯规划现状的调查得出以下结论。第一，大部分家长从高中阶段开始参与子女的生涯规划，中小学家长普遍缺乏生涯规划意识。第二，家长为子女生涯规划所做的准备主要集中在对就业前景的了解，因为在大部分家长意识中，子女教育是以就业为导向的。仍有一定比例的家长没有为子女生涯规划做相关准备，这可能是由于家长缺乏生涯规划意识和生涯规划途径等。第三，大部分家长能通过沟通发现子女学习问题，但在家庭教育投入效果一般的情况下，家长倾向于将问题归因于学校。

2. 升学压力倒逼家长进行生涯规划，侧重点有地区差异，学校生涯规划教育仍需加强

通过上述对家长参与子女生涯规划特征的分析得出以下结论。第一，升学压力倒逼家长开始参与子女生涯规划，起始时间呈现"东部、西部地区早，中部、东北地区较晚"的特征。第二，家长为子女生涯规划所做的准备存在地区差异，东部地区家长了解信息更为全面，中部地区家长更倾向于了解大学招生信息和专业，西部地区家长更倾向于了解就业前景。第三，家长对学校生涯规划教育的需求呈现多样化、个性化的特征，学校生涯规划教育不能满足相应需求。

3. 建议与对策

根据以上发现，本报告提出以下建议与对策：家长应尽早树立生涯规划意识；为生涯规划所进行的信息检索应尽可能全面，既包括学业信息，又包括职业信息；加强与子女的沟通，了解其学习问题、需求与兴趣，以对子女做出准确的评估，从而制定更适切的生涯规划方案；学校应加强生涯规划教育，从师资和课程内容方面满足家长和学生对生涯规划教育的多样化、个性化需求；教育行政部门应意识到学生生涯规划教育的重要性，并为学校和家长提供相关的政策指导。

三　家长对高中学生的学业规划分析

学业规划可以帮助学生深入了解各学科的价值与特点，熟悉大学的学科与专业，以及学科与专业所对应的职业，并在自我认知的基础上分析学科与自身的适配性，选择适切的学科内容与学习方法，有条不紊地安排自己的学习。

（一）学业决策

1. 家长认为学生选科方式较为自由，但仍存在来自学校方面的限制

对家长的调查数据显示，可以选择任何想要的科目组合的学生占比达到62%，在家长的视角下，大部分学生的选科方式是自由的。不过也有34%的学生仅能在学校提供的科目组合中选择，更有4%的学生的科目选择完全是学校和老师安排的，选科的自由度仍有待提高（见图16）。

2. 绝大多数学生已经确定选科，传统的文理选科仍占据多数，物理成为选科组合中出现次数较多的学科

根据家长反映的学生选科结果，大多数学生（占81%）已确定选科，

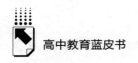

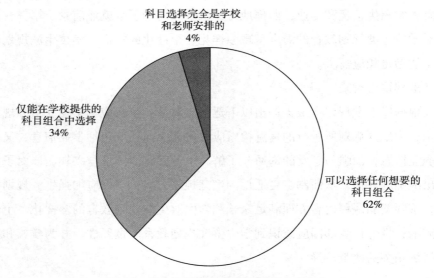

图 16　样本家长反映的学生选科方式分布

18%的学生未确定选科（见图 17）。在未确定选科学生的家长中，7 人表示不清楚新高考选考政策，需要老师指导；32 人认为还需要和孩子商量，主要看孩子的兴趣和意见；15 人表示学校尚未开启选科，还没有开始考虑。

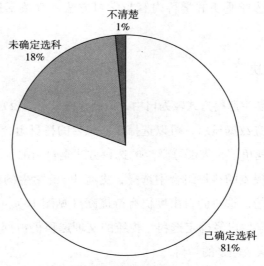

图 17　样本家长反映的学生选科结果

具体来看学生的选科组合情况，传统的文理选科依旧占据主流地位。数据显示，选择纯理科（理化生）的学生人数最多，达到 956 人，占总人数的 44%；选择纯文科（政史地）的学生有 504 人，占总人数的 24%；而选择其他组合的学生达到 695 人，占总人数的 32%（见图 18）。

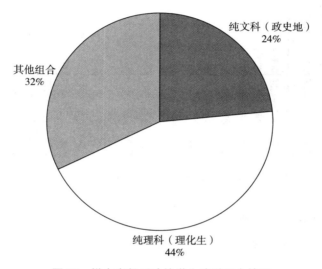

图 18　样本家长反映的学生选科组合情况

在选择其他组合的学生中，选择物理—化学—地理的学生最多，达到 245 人，除此之外，还有物理—化学—政治（173 人）、物理—生物—地理（82 人）、历史—政治—生物（76 人）、物理—生物—政治（38 人）、历史—地理—生物（26 人）等，物理学科在选科组合中出现的次数较多（见图 19）。

3. 家长认为最重要的选科影响因素是志愿填报的选择范围，其次为学生的兴趣、能力和未来发展意愿

根据家长对不同选科影响因素的重要程度（非常不重要、比较不重要、比较重要和非常重要）的打分情况，按照四点量表计分方式计算各影响因素的得分。结果显示，家长认为在学生选科方面最关键的影响因素是"该科目在志愿填报时的选择范围"，其次分别是"孩子自身对学科的兴趣"、"想要报考的专业要求选考该科目"、"该科目的平时成绩较好"以及"孩子

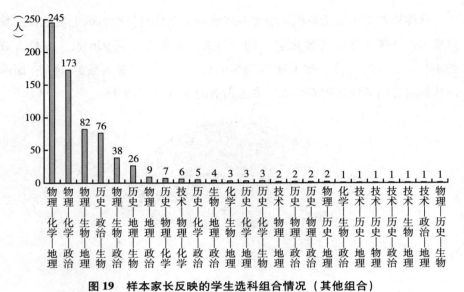

图 19　样本家长反映的学生选科组合情况（其他组合）

喜欢该科目老师的上课风格"等（见图 20）。未来的专业选择和孩子的兴趣能力成为家长在学生选科方面较为关注的因素。"亲朋好友的建议"和"市

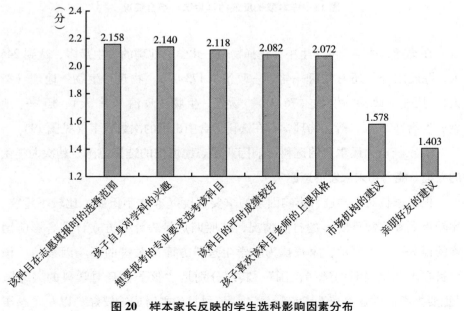

图 20　样本家长反映的学生选科影响因素分布

场机构的建议"这两个因素的得分明显较低,可见这两个因素相较于其他因素对学生选科的影响并没有那么大。

(二)升学期望

1. 家长对不同升学路径均有一定了解,但仍有家长对众多升学路径均不了解

关于 10 条不同的升学路径,942 名家长表示了解"强基计划",占比 35.19%;877 名家长表示了解综合评价,占比 32.76%;790 名家长表示了解公费师范生,占比 29.51%;651 名家长表示了解专项计划,占比 24.32%;645 名家长表示了解艺体特长生,占比 24.09%;596 名家长表示了解军警校招生,占比 22.26%;440 名家长表示了解竞赛保送生,占比 16.44%;405 名家长表示了解中外合作办学,占比 15.13%;257 名家长表示了解海空民航招飞,占比 9.60%;只有 174 名家长表示了解港澳升学,占比 6.50%。另外还有 1098 名家长对上述 10 条不同的升学路径均不了解,占比达到 41.02%(见图 21)。

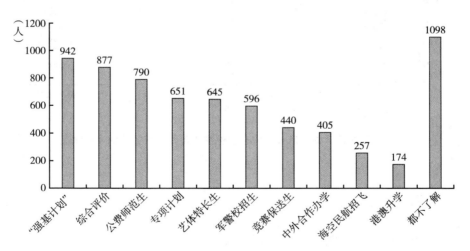

图 21 样本家长对升学路径的了解情况

2. 家长对所在省份往年各批次分数线均有一定了解,但各地区存在差异

图 22 反映了不同地区样本家长对所在省份往年各批次分数线的了解

情况，其中有 1522 名家长表示了解一本批次分数线，占比达到 56.85%，说明超过半数的家长对学生的期望升学结果在一本及以上。同时，分别有 709 名家长、888 名家长了解"985"高校最低录取分和"211"高校最低录取分，分别占 26.48% 和 33.17%，说明家长对学生考上"名校"的期望依然较高。此外，有 1182 名家长了解本科批次分数线，占 44.15%；有 709 名家长表示对上述情况均不清楚，占 26.48%。分地区来看，东部地区家长更了解一本批次分数线，西部地区和东北地区家长则更关注一本和本科批次分数线，说明家长对学生的升学期望存在地区差异。

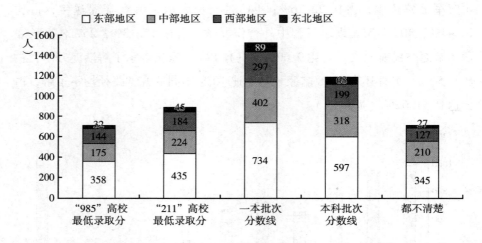

图 22　不同地区样本家长对所在省份往年各批次分数线的了解情况

（三）小结

1. 家长认为学生的选科自由度较高，但选科结果仍呈现"文理分科"的制度惯性，选科影响因素中志愿填报的选择范围颇受关注

调查结果显示，第一，新高考背景下学生的选科自由度较高，选科意愿也普遍落实，但仍存在因学校和老师的要求未能自由选科的情况；第二，学

生的选科结果依然呈现传统纯理科和纯文科的分化格局，其他组合的比例较低，学生的选科情况依然存在制度惯性；第三，家长认为学生选科结果主要受到未来的专业选择和学生的兴趣能力两方面因素的影响，志愿填报的选择范围成为家长最关心的选科影响因素。

2. 家长对不同的升学路径均有一定了解，在了解所在省份各批次分数线时体现出较高的升学期望

调查结果显示，第一，家长对"强基计划"等升学政策较为了解；第二，不少家长对所在省份"985""211"高校的往年最低录取分数较为了解，在升学期望方面存在较为明显的"名校偏好"；第三，家长对学生的升学期望存在地区差异，东部地区家长普遍了解一本批次分数线，而西部地区和东北地区家长则更关心本科批次分数线。

3. 建议与对策

根据上述发现，本报告提出以下建议与对策：家长应提高有关升学路径的认知，全面了解升学选择和最新政策，鼓励学生结合自身特点选择发展路径，不应局限于"名校"的升学选择；学校应为家长和学生提供更详细、完备的职业规划和咨询服务，提供更多有关专业兴趣培养与认知的课程资源，鼓励学生更全面地了解各科目的内容和职业前景，从而更自主地进行选科决策；学校应定期向家长提供升学政策的最新变化信息，推进学生选科与职业发展方面的家校合作。

四　家长对高中学生的职业规划分析

职业规划可以帮助学生明晰个人、学业与职业之间的关系，探索职业信息，挖掘自身的职业兴趣点，从而为未来的职业选择做准备。学生要掌握各类职业的待遇、前景、环境、供求关系等信息，并具备从事各类职业所需要的基本知识与技能，将个人兴趣、能力与职业选择结合起来。

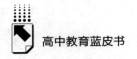
（一）大学专业规划

1. 超半数家长对学生的大学专业有规划

如图 23 所示，在家长对学生大学专业的规划方面，54%的家长表示有大致的专业方向，7%的家长表示有清晰的专业方向，仅有 2%的家长表示已确定具体的专业，还有 37%的家长表示对孩子的大学专业选择没有规划，以上结果反映了家长在高中学生的大学专业规划上发挥的作用还有待提升。

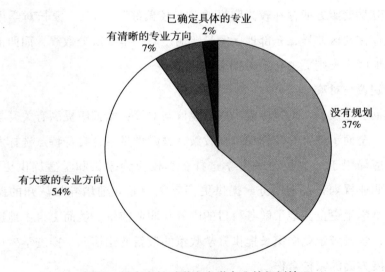

图 23　样本家长对学生大学专业的规划情况

如图 24 所示，分地区来看，东部地区家长对学生大学专业的规划较为清晰，而中部地区有 41.14%的家长对学生的大学专业没有规划；西部地区和东北地区的家长对学生的大学专业也有较为清晰的规划，这可能与产业结构和社会文化相关。

2. 就业、升学的前景是家长在学生大学专业规划中最关注的因素

具体来看，如图 25 所示，1668 名家长在学生的大学专业规划中最关注就业、升学的前景。此外，有 772 名家长关注孩子的个人兴趣，分别有 150

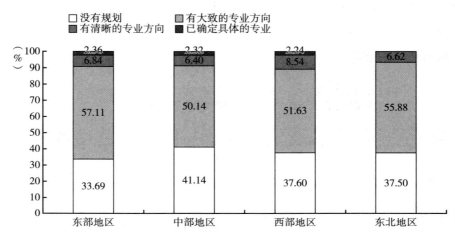

图 24 不同地区样本家长对学生大学专业的规划情况

名、65 名、22 名家长会优先考虑学生所在学校的优势专业、新高考所选科目限制以及听从老师和其他亲戚的意见。

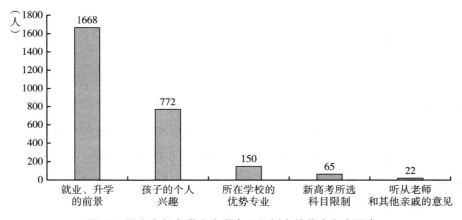

图 25 样本家长在学生大学专业规划中的优先考虑因素

分地区来看，如图 26 所示，东部地区的家长在为学生进行大学专业规划时更多考虑孩子的个人兴趣；东北地区家长则会更多考虑就业、升学的前景。值得注意的是，中部地区家长在为孩子进行大学专业规划时多考虑新高

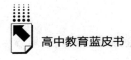

考所选科目限制，而这一选项上的东部地区、西部地区和东北地区家长占比依次为 2.51%、2.03% 和 0.74%，体现出新高考政策在不同地区对家长和学生的影响不尽相同。

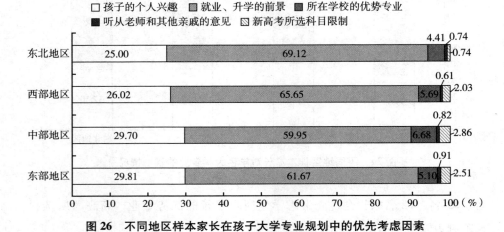

图26　不同地区样本家长在孩子大学专业规划中的优先考虑因素

（二）职业期望

1. 家长对学生的职业期望主要集中在专业性强、社会地位高、工作稳定的职业

家长对学生未来的职业类型期望中，占比最高的是"教师、教务/教学管理、培训师"，达到 25.78%，其次分别是"工程师/设计师、程序员、数据架构师"（占 19.31%），"医护人员、医药科研人员、医药代表"（占 14.87%），"律师、法官、企业法务"（占 9.82%），"行政管理人员、企业管理人员、信息/物流管理人员"（占 9.53%），"金融行业从业者、财务师/税务师、跨国贸易专员"（占 8.67%），"美术/动画设计从业者、演员/主持人、编导/制作人"（占 3.47%），"科学家、天文学家、心理学家"（占 3.44%），"图书编辑、媒体运营、小语种教学专家"（占 1.53%），"农业生产管理、农业技术开发、动植物科研人员"（占 1.49%），"博物馆管理员、历史文化研究员、考古研究员"（占1.34%）和"哲学研究员、宗教研究员"（占0.75%）。家长普遍期望学生未来从事专业性强、社会地位高、工作稳定的职业（见图27）。

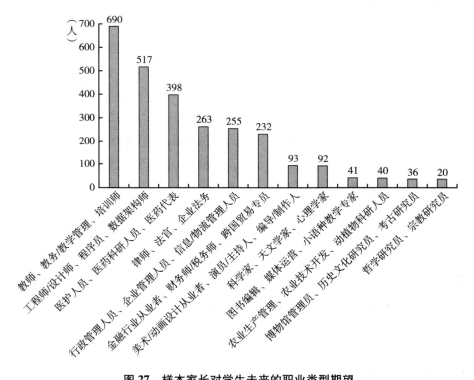

图 27 样本家长对学生未来的职业类型期望

2. 家长为学生未来职业规划做出的主要努力在于与学生沟通和查询资料，较少向老师和社会机构寻求支持和帮助

根据家长对自己为学生未来职业规划做出的努力的打分情况（按从不、偶尔、经常、总是打分），按照四点量表计分方式计算各项得分。数据显示，家长经常"与孩子沟通职业理想和规划"，其次是"自己查找就业市场的相关资料"，"与老师沟通职业发展方向"和"参与职业发展相关的社会实践活动"的家长较少（见图28）。

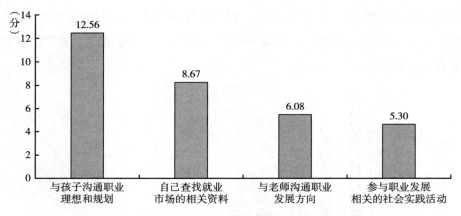

图28　样本家长为学生未来职业规划做出的努力

（三）小结

1.家长对学生大学专业的规划主要集中在对就业、升学前景的考量

调查结果显示，第一，半数以上的家长对学生的大学专业有清晰或大致的规划，也有小部分家长有非常明确的规划；第二，家长在进行学生大学专业规划时优先考虑的因素为就业、升学的前景，其次是孩子的个人兴趣。

2.家长对学生的职业类型期望普遍为专业性强的稳定工作，为学生未来职业规划做出的努力局限于资料收集和与学生的沟通

调查结果显示，第一，家长对学生未来的职业期望中，占比最高的是教师类工作，家长普遍期望学生未来的职业具有专业性强、工作稳定、社会地位较高等特征；第二，家长为学生未来职业规划做出的努力多为与孩子沟通职业理想和规划，较少采用与老师沟通和参与社会实践活动的方式。

3.建议与对策

根据上述发现，本报告提出以下建议与对策：家长应对学生未来的专业选择和从事的职业类型保持开放的心态，积极进行亲子沟通，在了解学生的兴趣和能力的基础上对其专业选择和职业类型开展规划；家长可以积极参与学校和第三方机构组织的专业展览、职业讲座等活动，了解不同职业的特点，打破对特定职业的非理性偏好；学校应定期向家长分享有关职业规划和专业选择的信息，向家长介绍学校提供的相关资源和支持，促进家校合作，更好地引导学生的未来规划。

案 例 篇

B.6
基于"教学相长"的普通高中治理的
实践路径研究[*]

——南京师范大学苏州实验学校生涯教育实践探索

李志华　叶　庭　周拥军[**]

摘　要： 高中阶段是学生个体成长成才的关键时期，随着国家治理体系和治理能力现代化的推进，加强高中生涯教育成为新时代普通高中育人方式改革的内容之一。同时，教育治理体系和治理能力现代化成为重要内容。基于"教学相长"的普通高中治理既有助于学生学习内驱力的激发，也有助于教师专业素养的提升，更有助于良好校园文化的形成。南京师范大学苏州实验学校通过树立基于"教学相长"的普通高中治理念，推进创新拔尖人才

　* 本报告系江苏省教育科学规划2022年度苏教名家专项课题（课题编号：SJMJ/2022/21）的阶段性成果。

** 李志华，南京师范大学苏州实验学校副校长、副书记，中小学正高级教师，特级教师，主要研究方向为学校管理；叶庭，南京师范大学苏州实验学校高中团总支书记，中小学一级教师，主要研究方向为教学管理；周拥军，南京师范大学苏州实验学校高中教导处主任，中小学高级教师，主要研究方向为教学管理。

培养，优化课堂教学方式，落实"十二字"教学方针，促进教师素养稳步提升，助力学生全面发展，培养更能满足时代需求的综合型人才。

关键词： "教学相长" 普通高中 高中治理

普通高中是义务教育与高等教育衔接的重要学段，提高普通高中治理能力是实现教育治理体系和治理能力现代化的重要内容。2019 年 6 月，国务院办公厅发布的《关于新时代推进普通高中育人方式改革的指导意见》① 第五条明确提出，"加强对学生理想、心理、学习、生活、生涯规划等方面指导，帮助学生树立正确理想信念、正确认识自我，更好适应高中学习生活，处理好个人兴趣特长与国家和社会需要的关系，提高选修课程、选考科目、报考专业和未来发展方向的自主选择能力"。南京师范大学苏州实验学校（以下简称"实验学校"）自 2015 年创办以来，立足创新拔尖人才培养目标，先后获得全国青少年科普创新教育基地、全国青少年校园足球特色学校、江苏省青少年科技教育工作"五星级先进集体"等荣誉称号。实验学校以"高品质、有特色、国际化、苏州一流、江苏著名"为发展定位，践行"竭力打造教学相长'理想国'，让学业成绩成为素质教育的'附产品'"的办学理念，大力推进教育治理工作，优化管理体制，突出"教学相长"治理模式的特色，不断推进生涯教育等工作。

一 基于"教学相长"的普通高中治理的意义与价值

"教学相长"源于《学记》中对教与学关系的经典阐述，陶行知先生提出的教师要"一面教，一面学"的观点对现代教育的发展起到了重要的推

---

① 《关于新时代推进普通高中育人方式改革的指导意见》，中国政府网，2019 年 6 月 19 日，http：//www.moe.gov.cn/jyb_xxgk/moe_1777/moe_1778/201906/t20190619_386539.html。

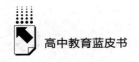

动作用。"教学相长"的当代意义可以总结为由单纯"学"的话语体系朝着"生生"合作学习和"师生"终身成长的方向发展。

（一）有助于学生学习内驱力的激发

传统教育模式更加注重对学业成绩的考查，常常忽略对学生思维能力、创新能力等综合能力的培养。"教学相长"模式下的学生将置身更加复杂的学习环境中，面临更具挑战性的学习任务，教师从说教者转变为问题解决的引导者和学生多样化发展的观察者，教师通过多样化、差异化的情境设置和任务驱动，激发学生参与合作、讨论的积极性，让学生在与同伴、老师的交流中解决问题，在问题解决过程中获得真知。

（二）有助于教师专业素养的提升

"教学相长"模式下，教师在与学生的互动交流中，能够全面掌握学生的思维特点和兴趣爱好；在设计教学情境、选择教学方法等课前准备活动中，能够做到满足学生个性化学习的需要，提高课堂教学的效率；在课堂教学和与学生的沟通过程中，能够及时调整不符合教学实际的方式，满足不同学生群体的多样化教学需求。如此循环往复，教师的专业能力不断提升，对课堂教学的把控能力逐渐增强，教师的个人魅力以及学生的综合能力水平随之提升。

（三）有助于良好校园文化的形成

"教学相长"模式下，教师与学生之间的互动交流不仅体现在尊重每位学生的个性化发展上，还体现在对学生意见和观点的关注上。通过建立良好的沟通渠道，教师可以更加全面地了解和关注学生的兴趣、需求，从而激发学生的学习潜能。同时，在课堂之外，师生之间的深入交流使得师生之间的关系更加密切与融洽，有助于形成良好校园文化。校园文化不仅局限于学校范围内，在社区、企业等环境中也得到彰显，在学生走出校园、参加社会实践活动时，学生的视野不断开拓，学生也可以感受到社会的多样性。通过参观高校、科研单位等，学生可以了解不同行业的发展情况以及职业选择的多样性，以便更好地融入社会，培养正确的态度与价值观。

二 基于"教学相长"的普通高中治理的实践路径

（一）树立基于"教学相长"的普通高中治理理念

根据学校"十四五"规划指导思想，秉承学校"追寻教育真谛，造就完全人格"的办学理念，结合学校发展的实际，实验学校树立了基于"教学相长"的普通高中治理理念，即"四项坚持"与"四项共识"。

"四项坚持"：坚持保证学生睡眠时间；坚持严控学生作业负担；坚持音体美充足课时；坚持保证每周活动课时。良好的睡眠有助于学生身心健康发展，实验学校从办学伊始就将确保学生每天 9 小时睡眠、节假日不得布置任何书面作业、每天 1 节体育课等作为办学基本要求。同时，实验学校鼓励全体教师勇当学生"第二任父母"，在学习、生活上给予学生全方位的指导与关怀。

"四项共识"：普通高中必须提供优质的教育服务——实验学校致力于为学生提供优质的教育资源和教学环境；高中生学习好差主要是学校的责任——学校是学生学业成绩的第一责任人；没有完美个人，追求一流团队——学生之间以合作的方式开展学习与生活，教师以协作的方式参与，共同进步，实现"教学相长"；坚决打破生源决定论，"一个都不能少"——学校承诺不因学生学业成绩的好坏而区别对待任何学生，竭尽全力培养他们。实验学校立足普通高中的学段特点，坚持教师"立德树人"根本任务，打造一流教师团队，做到尊重学生、发展学生，实现学校的办学目标。

（二）推进创新拔尖人才培养

创新拔尖人才培养是党和国家对高中教育提出的发展任务。[1] 实验学校

---

[1] 杨海燕：《县域普通高中高质量发展的战略逻辑与治理策略》，《中国教育学刊》2022 年第4 期。

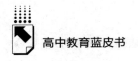

将创新拔尖人才培养作为提升学校教育教学质量的重要抓手，建立全员育人的服务型学校治理体系，校长担任首席服务官，促进全体教师服务每一位学生。

为实现创新拔尖人才培养的目标，实验学校建立了学生学习共同体，将不同学生分组，实现强强联合、优势互补，在学习竞赛活动中促进学生全面发展。同时，实验学校按月邀请有专长的家长开设"家长讲堂"，提前进行职业生涯规划，旨在让家长更好地参与孩子的教育过程，并为他们提供专业的指导。实验学校还积极组织学生参观重点高校，与专家、教授共同探讨科技前沿，如安排学生走进东南大学、南京大学等重点高校，不仅拓宽了学生的眼界，还激发了他们对科技创新的兴趣。在学生综合能力提升方面，实验学校定期举行各类比赛和活动，如"校园歌手大赛"、"日新杯"系列赛等，在活动过程中，学生自主策划、自主分工实施，不断提升综合能力。此外，为培养学生顽强意志和不怕吃苦的坚毅品质，实验学校每年定期组织学生走出校园进行实地考察和徒步活动，如在富春江沿岸、太湖沿岸、阳澄湖沿岸、灵岩山等考察地质地貌，开展 30 公里以上长距离徒步等。

（三）优化课堂教学方式，落实"十二字"教学方针

实验学校坚持"限时讲授、小组合作、踊跃展示"的"十二字"教学方针，充分体现学生在教学活动中的主体地位，让学生成为课堂的主人，以增强学生的问题意识、探究意识、合作意识并提高他们的语言表达能力，教师的身份转变为课堂教学的引导者、组织者。限时讲授对教师提出了精讲的明确要求，小组合作突出学生之间的互助与合作，使他们能够共同解决问题、分享心得，踊跃展示则鼓励学生不断展示自我、表现自我，向同伴展示对知识的理解与认识。基于"十二字"教学方针，为保证学生将所掌握的知识及时内化，实验学校在课程设计中充分保障学生每天至少有 2 节自主学习课，为优生留足拔尖发展的时间与空间，为所有学生的个性化学习与个别化辅导留有余地。同时，落实教学的个性化要求，学科教师在课前根据教学内容和学情编制导学案，强化学生的练习反馈，教师做到少讲、精讲，不断

提高课堂教学效率。根据学生知识水平与能力的差异，为每位学生编制学科成长档案，针对每位学生定制个性化提升方案。在新高考背景下，研究全国卷成为实验学校课堂教学改革的重要方向，提升学生核心素养成为课堂教学的重要目标，"十二字"教学方针下的课堂教学力求符合新高考的实际需要。

（四）促进教师素养稳步提升

习近平总书记提出，教师是教育工作的中坚力量，有高质量的教师，才会有高质量的教育。[①] 因此，打造一支高素养的教师队伍对教育高质量发展至关重要。实验学校立足自身发展定位，组建了一支包括高校优秀毕业生、在职名师等的师资队伍，从教师入职开始就制定了职业生涯 5 年规划，让教师明确职业发展方向，促使教师的专业素养得到大幅提升，满足学生全面发展的需求。以国家课程标准为准绳，实验学校全体教师一边研读教材，了解学生掌握的知识"从哪里来"，一边研究高校教材，明确高中习得的知识"往哪里去"。学校教科室牵头组建名师学习共同体，党员教师、骨干教师带头上示范课，安排继续教育培训等，凝聚科研力量，助力教师成长。另外，实验学校定期举办"读书沙龙"活动，鼓励教师阅读并分享心得，校长带头开展读书分享交流，为教师专业发展提供指导与交流的平台，以更好地服务学生成长。除此以外，实验学校组织全体教师将"走出去"与"引进来"相结合，一方面，走出校门，与兄弟学校、高校相互交流；另一方面，定期邀请南京师范大学专家指导一线教学，将教育研究的最新成果落地在学校。当前，实验学校已形成"讲担当、重实干，练就育人'真本领'"的校园风气，教师的使命感与责任感进一步增强。

（五）助力学生全面发展

实验学校立足学生提升综合素养的实际需要，对学生进行全方位培养。

---

① 尹达：《论"新高考"对普通高中教育改革的影响路径》，《教育理论与实践》2020 年第 20 期。

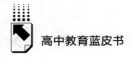

学校按照不同月份开展不同主题的德育养成教育，如9月开展习惯养成教育，10月开展爱国主义教育等。同时，学校充分利用每周一的升旗仪式开展特色升旗活动，由品学兼优的学生进行主题分享，学生之间相互启发、相互交流、共同进步。学校共开设几十余门社团课，由学生自主招募社员、自主管理，社团活动培养了学生的领导能力和组织能力，在与老师、同学的沟通与交流中，学生的沟通和协调能力得到提高，自信心也得到了增强。学校还于每年2月至高考前开展针对毕业生的高考心理调适活动，由专任教师组织毕业生开展"冥想"放松、平衡心态等活动，减轻高考带来的心理压力。学校高一至高三实行"每天1节体育课"制度，通过体育运动，学生体质得到大幅提升，团结友爱、迎难而上等优良品质也得到培养。在假期"零作业"的前提下，由德育处牵头负责学生假期生活安排，如亲子短途旅行、社会实践、社区服务等，培养学生积极向上的品质，并将参与活动的过程性材料进行收集、整理，录入学生成长档案，作为高中综合素质评价的重要内容。

三　结语

德国著名教育学家斯普朗格说过："教育的最终目的不是传授已有的东西，而是要把人的创造力量诱导出来，将生命感、价值感唤醒。"新时代背景下的高中教育需要不断提升教育教学质量、培养时代新人。面对普通高中繁重的学业压力，提高学校治理水平成为普通高中的关键发展目标，也符合新时代"办好人民满意的教育"的要求。在此过程中，高中教育仍需要家庭、社会等多方通力协作，转变思想、丰富课程、完善机制，避免形式化、功利化情形的出现。

B.7

个性化教学如何影响生涯规划教育

——以网易有道高中教育实践为例

李楠 胡源*

摘 要： 个性化教学关注学生个体差异和需求，通过评估学生、提供个性化学习计划和资源等方式，满足学生的学习需求，促进学生的全面发展。研究发现，个性化教学能够提高学生的学习动力、自主学习能力，培养学生解决问题的能力和批判性思维。然而，个性化教学也面临技术应用限制、资源需求和教师培训等方面的挑战。本报告以网易有道高中教育实践为例，探讨个性化教学在生涯规划教育方面的具体应用和效果，介绍学业水平评估、学习风格识别、兴趣爱好调查等个性化教学评估手段，并讨论个性化教学的效果以及个性化教学对生涯规划教育的影响。

关键词： 教学教研 学业规划 个性化教育

一 前言

在当今多元化和快速变革的教育环境中，个性化教学作为一种关注学生个体差异和需求的教育模式备受关注。传统的"一刀切"教学模式已经难以满足学生多样化的学习需求，因此个性化教学的理念应运而生。个性化教学强调以学生为中心，通过评估学生特点、提供个性化学习计划和

---

* 李楠，网易有道升学中心理科负责人，网易有道高中教育研究院研究员，主要研究方向为高考改革与高中物理教育；胡源，网易有道资深数学主讲，网易有道高中教育研究院研究员，主要研究方向为高考改革与高中数学教育。

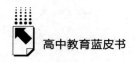

教育资源等方式，满足学生的个性化需求，促进学生全面发展。在新高考背景下，生涯规划从高等教育延伸至基础教育。越来越多的高中也开始重点对学生实施生涯规划教育，并开展一系列生涯规划课程，目的是加强学生对于未来专业和就业选择的重视，以及确保学生在高考之后可以基于个人发展需求选择与之匹配的专业。高中阶段开展的生涯规划教育更加强调学生的个性化特征和需求。基于此，个性化教学成为高中生涯教育发展的必然趋势。

为了更好地用科技赋能教育，作为我国的互联网科技企业，网易有道不仅为有不同需求和发展定位的学生提供个性化的教学体系和优质内容，更为个性化教学视角下高中生涯规划教育实践提供了可靠、优质的案例参考。网易有道根据高中生不同程度以及不同层次的生涯规划，提供不同类型的解决方案。例如，针对参与学科竞赛的学生，提供全国中学生奥林匹克竞赛相关训练和指导；针对有志于参与"强基计划"选拔、在基础学科方向拔尖的学生，制定"直通强基"计划；针对各地高考考生，提供完整高效的备考解决方案。尤其是在专业选择和志愿填报方面，网易有道还基于 AI 技术推出志愿填报系统，该系统可以综合权衡考生的成绩水平、职业兴趣、专业偏好、大学偏好等多维因素，通过大数据分析、录取概率测算，为学生提供志愿填报建议，为学生进行生涯规划提供切实有效的帮助。

二 个性化教学的理念与定义

教育是一个复杂而丰富的领域，它的最终目标是培养个体能力并激发潜力。为了实现这个目标，高中阶段的教育工作者一直在寻找有效的教学方法。在这些方法中，个性化教学被越来越多的教学工作者认为是一种有力的教学策略，其核心理念在于强调教育活动的个体性和多样性。

个性化教学的定义有许多，其中的共通点在于它尊重每一个学生的独特性，包括学生的学习风格、学习速度、兴趣爱好、学习动机等。个性化教学的目标是创建一个满足每个学生独特需求的教学环境，让每个学生能在适合他们的方式和节奏下学习，使他们能充分发展自我，实现自我价值。

个性化教学在生涯规划教育中扮演着重要的角色。在传统生涯规划教育模式中，教师往往传授相同的生涯规划知识和能力，而个性化教学下的生涯规划教育则致力于根据学生的特点、学习风格和兴趣爱好提供定制化的教育，以帮助每个学生发挥潜能。个性化教学的核心理念是认识到每个学生都是独一无二的，个性化的生涯规划教育也假定每个学生拥有不同的生涯发展需求和生涯规划方式。它强调生涯规划教育应该根据学生的个人特点和需求进行个性化的指导和支持。

三　个性化教学在生涯规划教育中的应用

在个性化教学视角下，高中教师需要引导学生开展符合自身情况的生涯规划，填写个性化的学生成长手册，参与学生成长的全过程。通过建立生涯规划教育的家校支持系统、朋辈支持系统、自我支持系统，以生涯规划教育为突破口，消除高中生成长中的烦恼，让个人成长和集体成长相互促进，推进学生自我管理。

个性化教学的理念通过各种教育实践得到应用和落地。例如，在网易有道高中教育实践中，为了实现让每个学生的个性化需求得到满足的目标，主讲老师、学业规划师、智能学习平台和学习管理系统形成了完整的闭环，随之形成一套高效的学习方案。网易有道搭建了高中生个性化学习平台，致力于根据学生的学习阶段、能力水平和学习目标，制定个性化的学业规划，支持学生自主学习和发展。系统中的音视频出版物内容涵盖全国中学生奥林匹克竞赛训练、"强基计划"选拔、高考知识点巩固等方面，可以满足各类型学生的不同需求。学习管理系统可以根据学生的学习需求和学业历史，分析学生的学习路径；学业规划师负责制定具体的学习目标；主讲老师负责激发学生的学习动力，通过心理辅导和"一对一"指导来帮助学生。学业规划师会与学生进行定期会谈，了解学生的学习情况、兴趣爱好和学习目标。根

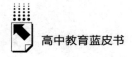

据学生的个性化需求，学业规划师会提供有针对性的指导和支持，帮助他们解决学习中的困惑和问题。心理辅导可以让学生感到被重视和关注，激发他们的学习动力和自信心。智能学习平台可以为学生提供个性化的学习方案，学生可以根据自己的兴趣和学习目标，选择加入适合自己的学习小组，小组成员可以共同制定学习计划，共同探讨学习中的问题和难点，互相学习和支持。此外，针对新高考背景下的升学规划需求，网易有道开发了领世志愿填报系统，该系统基于 AI 技术为学生提供个性化的志愿填报建议，帮助学生更科学、更理性地进行志愿选择，提高录取概率。

在丰富优质的内容和强有力的技术支撑之上，网易有道的个性化教学实践反映了实施个性化教学需要一套有效的策略。主讲老师和学业规划师需要深入理解学生的学习需求和学习动机，根据学生的需求和动机设计个性化的学习计划和学习活动。在实施过程中，他们需要密切关注学生的学习进度和学习反馈，实时调整教学活动和学习资源。

四　个性化教学的评估手段

个性化教学的核心目标是根据学生的需求和差异提供个性化的教学和支持。要实现这一目标，对学生进行全面评估是至关重要的。全面评估可以帮助教师了解学生的学习状况、兴趣爱好和学习风格，从而更好地制定个性化的教学策略和计划。

（一）学业水平评估

学业水平评估旨在评估学生在不同学科和领域的学习成绩和能力。传统的评估方法如考试和测验只能提供有限的信息，而个性化教学需要更全面、准确的评估。因此，网易有道采用多种评估方法，以全面了解学生的学业水平和知识掌握情况。通过分析学生的学习习惯和以往的学习成果，网易有道领世高中智能系统可以根据学生的优势和弱势有针对性地提供教学建议和支持。例如，系统可以根据学生在特定知识点上的短板推荐相应的学习资源和练习题目。除此之外，开启个性化学习之后，系统还会记录在线学习数据以及测评情况，获取更精确和更有时效性的学业水平评估结果，根据学生的答题情况和学习表现，为学业规划师提供详细的学习分析报告，帮助主讲老师发现学生的强项和弱项，从而制定有针对性的教学计划。

（二）学习风格识别

学习风格识别旨在评估学生的学习偏好。每个学生都有自己独特的学习风格，了解学生的学习风格有助于教师根据学生的喜好和特点提供合适的教学方法和资源。

网易有道高中研究院通过总结大量案例发现，学生主要可以分为两类，一类是踏实型，另一类是求快型。踏实型的学生更注重学习过程的体验，对学习结果有阶段性的要求；而求快型的学生更追求快速获得学习结果。在实践中，网易有道的学业规划师通过观察学生的学习行为、与学生交流等方式来识别学生的学习风格。通过了解学生的学习偏好，学习规划师会为学生提供符合其学习风格的学习计划，并配置相应的针对性练习，最终实现学习体验的提升和学习成果的转化。

（三）兴趣爱好调查

了解学生的兴趣爱好对于个性化教学至关重要，这与拉近教师与学生的距离、激发学生的学习动力息息相关。学生对感兴趣的主题和领域更有动力和积极性，在网易有道的教育实践中，学业规划师通过询问学生喜欢的学科、活动、课外兴趣等更好地了解学生的兴趣爱好，主讲老师可以通过兴趣爱好调查结果来了解学生感兴趣的领域，并将其融入教学内容，设计出让学生更感兴趣的课程。

（四）学习目标设定

个性化教学要求学生参与制定学习目标，学习目标应该与学生的兴趣、能力和学习需求契合，同时要符合课程目标和标准。学习目标应是具

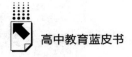
体、可衡量和可追踪的，以方便学生和教师监测和评估学习的进展。网易有道的学业规划师会与学生进行"一对一"讨论，并与学生、家长一起进行沟通，共同设定学习目标，并确保学生对目标的理解和认同。这些目标可以是知识和技能的掌握，也可以是学习态度和习惯的改善，以及对未来职业的设想。

（五）制定个性化学习计划

基于对学生的全面评估和学习目标的设定，学业规划师会对学生的学习技能、知识储备、学习风格、兴趣爱好和个性特征进行全面的评估。个性化学习计划可以根据学生的学习需求和目标提供特定的学习资源和时间安排，如匹配对应的学科视频出版物、安排直播课时间等。

基于学习目标和学生的需求，主讲老师可以设计个性化的课程内容。例如，对于自觉型学生，可以优先提供知识拓展内容，让他们获得更丰富的课外资源；对于缺少学习动机的学生，可以先让学生逐渐建立起学习自信；对于喜爱动手实践的学生，可以设计实验项目等。在确定学习的内容和方式之后，教师还需要根据学生的时间和节奏来安排学习进度，这既可以包括学习任务的分解和时间管理，也可以包括学习周期的设定和休息时间的安排。

个性化学习计划并不是一次性制定完成的，而需要在学习过程中不断进行调整和优化。教师需要定期收集学生的学习数据和反馈，利用这些信息对个性化学习计划进行优化。例如，如果发现某个学生在某个主题上的学习效果不佳，可能需要调整学习内容，提供额外的学习支持；或者发现某个学生对时下某个主题特别感兴趣，将该内容融入课程体系。

个性化学习计划的目标并不仅是完成一次学习任务，更重要的是培养学生的自我管理和学习策略意识。网易有道的各科主讲老师都会引导学生参与学习计划的制定和执行，让他们理解学习的目标和过程，学会自我管理和学习策略制定。例如，在直播课中，主讲老师会教授学生如何设定学习目标、如何分解任务、如何管理时间、如何寻找和利用学习资源、如何反思和调整学习策略。通过这样的过程，学生可以逐渐掌握有效的学习方法，提高学习效率，更积极主动地面对未来的挑战。

五　个性化教学的效果与反思

个性化教学作为一种关注学生个体差异和需求的教育模式，在教育实践中得到广泛应用。网易有道在个性化教学研究上坚持以学习目标倒推学习过程，为每个学生制定个性化的学习目标和学习计划，激励学生进行高效的自我管理，以学生自主学习为主，以教师支持为辅。无论是对个性化教学的效果，还是对其带来的影响，都需要进行深入的研究和反思。

个性化教学最大的优点之一是能够满足学生的个体需求。通过全面评估和了解学生，教师能够根据学生的学习风格、兴趣爱好和学习目标提供个性化的学习体验和资源。这种教学模式激发了学生的学习兴趣和动机，提高了他们的学习参与度和投入度。网易有道高中研究院的研究发现，个性化教学提高了学生的学习成绩和满意度，同时培养了他们的自主学习能力和批判性思维。同时，个性化教学能够提升学生的学习效果。这种教学模式强调学生的主动参与和自主学习，让学生可以按照自己的学习节奏和风格进行学习，选择符合自己需求的学习活动。

然而，个性化教学也面临一些挑战和局限性。首先，实施个性化教学需要教师具备更高的教学技能以及配套资源支持，主要体现在两个方面。一是教师需要了解个性化教学的原则和方法，掌握评估工具和教学策略，能够根据学生的个体差异进行教学设计和实施；二是教师需要适应不同学生的学习节奏和进度，提供个别指导和支持。这对教师的沟通能力、情绪掌控力和工作量提出了一定的要求。为此，网易有道通过以下方式提升教师的个性化教学能力：学科带头人定期为教师提供关于个性化教学的专业培训，这些培训旨在帮助教师理解和掌握个性化教学的原则和方法，以及如何实施个性化教学；不断优化教学管理工具和资源，根据大纲更新系统知识库，支持教师的教学实践。其次，个性化教学的实施也受到了技术和资源的限制。尊重和响

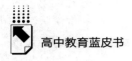

应每一位学生的个人特点和需求，往往需要先进的技术工具和平台的支持。在 AI 技术引领下的个性化教育实践中，数据环节常常面临挑战。学生在学习过程中会产生和积累大量的数据，这些数据既包含学生的学习习惯，也揭示了他们的认知水平和学习难点。然而，现阶段大部分的学习数据仍然留存于线下，尚未被充分利用。只有将这些线下数据有效地采集到线上，利用这些数据不断训练和优化 AI 模型，才能逐步提升 AI 模型的成熟度，使之能够更好地提供个性化的学习服务。网易有道成功地打造了一座连接线上与线下数据的桥梁，开发多场景学习工具，实时采集和分析学生的学习数据，提供个性化教育服务。这不仅能够为后续的产品研发和优化提供依据，而且能够让学生在接下来的学习中获取更好的支持和帮助。值得强调的是，在这一过程中，真正重要的是激发和提升学生的使用意愿，让他们更加愿意使用这些工具，更深入地参与个性化学习过程。这是因为个性化教学的真正价值在于它能够帮助每一位学生找到最适合自己的学习方法，更好地发挥自己的潜力。只有让更多的学生愿意并习惯使用这些工具，才能真正实现个性化教学，让每一位学生受益。

六　个性化教学对生涯规划教育的影响

个性化教学作为一种关注学生个体差异和需求的教育模式，对未来生涯规划教育具有重要的影响和意义。它强调学生的主动性、自主性，并关注满足每个学生的个性化发展需求，旨在培养他们的综合能力、最大限度地挖掘他们的发展潜能。

（一）个性化教学帮助学生加强自我管理

无论学生的学习起点在哪，激发学习动力都是首先需要解决的问题。学生在个性化教学环境中能够根据自己的学习需求和学习风格选择学习资源和策略，制定学习目标，并自主管理学习进程。培养学生的自主学习能力有助于他们在未来面对复杂的学习任务和知识挑战时能更好地应对。

（二）个性化教学激发学生创新精神以适应社会节奏、满足职业需要

个性化教学强调学生的独立思考和创新能力。高中阶段的学习只是终身学习过程的一部分，在备战高考的过程中，个性化教学让学生有更多的机会丰富自己的想法，提出并解决问题。老师通过鼓励学生进行批判性思考，培养学生的创新精神。这对于学生未来面对快速变化的社会至关重要，能够帮助他们发现问题、分析问题，并提出创新的解决方案。

（三）个性化教学通过影响生涯规划教育促进个人和社会发展

个性化教学不仅对学生个体发展有益，而且对社会整体发展具有重要意义。个性化教学强调学生的个体差异和需求，尊重学生的多样性和独特性。通过满足学生的学习需求、培养学生的综合能力，个性化教学能够培养出更多具备创新思维、团队合作能力和应变能力的人才，为社会的可持续发展提供人力资源和创新动力。对个人而言，个性化教学能够帮助学生发现自己的优势和兴趣所在，培养自我认知和自我管理的能力。个性化教学还能够帮助学生增强终身学习的意识和能力，使其能够持续适应不断变化的社会环境。此外，个性化教学可以让教育更好地适应每一位学生的个性和需求，让每一位学生都能在最适合自己的环境中学习和发展，最大限度地发挥学习潜力和价值。在这个过程中，网易有道将继续探索科技赋能教育的更优路径。

生涯规划教育是我国教育体系的重要组成部分，可以满足当前教育改革的需求，提高教学质量，指导学生以正确的方式认识就业和未来发展。个性化教学视角下的生涯规划教育可以帮助学生增强专业选择的合理性，促进学生个性化发展，引导学生能够结合发展需求和未来社会发展趋势选择合适的成长道路。在个性化教学视角下，高中学校应当构建健全的生涯规划课程体系，结合学生学业阶段和学习特征等，开展多样化的职业体验类实践活动，提高生涯规划教育质量。

B.8
新高考改革对学生学业规划的影响

—— 以网易有道的教育服务为例

蒋叶光[*]

摘　要： 新高考改革作为我国教育体系的重要组成部分，对于促进教育创新和提高教育质量具有深远影响。基于此，本报告重点阐述了新高考改革给高中学业规划带来的影响。首先，本报告介绍了新高考改革的历程与核心理念。其次，本报告概括了新高考改革带来的多元评价方式变革，揭示了新高考背景下学业规划面临的新挑战。同时，从教育企业的角度出发，刻画了企业在系统化的行动框架下，积极有效进行学业规划服务的探索与实践。最后，基于政策需求和现实问题，提出应着力为学生提供更具个性化的优质学业规划服务。

关键词： 新高考改革　学业规划　教育服务

一　前言

高考改革始于教育体系对公平性和全面发展的追求。高考是衡量学生学业水平和选拔高等教育人才的重要工具，对其进行公正公平、科学合理的改革是必要的。新高考改革的目标在于满足社会的多元化需求，实现个体发展和社会进步的统一。新高考改革的实施，对于提升中国教育公平性、激发学

---

　　* 蒋叶光，网易有道副总裁，网易有道高中教育研究院院长，主要研究方向为高中生学业生涯规划。

生的学习兴趣和潜能、促进教育创新和提高教育质量有着重要意义。然而，改革的过程也可能面临诸多挑战和问题，如何在确保公平性的前提下实现教育个性化、多元化，需要进一步思考和研究。

二 新高考改革的历程与核心理念

（一）新高考改革历程

自 1977 年恢复高考以来，我国的高考制度经历了多次的改革，从最初的全科考试，到"3+X"模式，再到 2003 年的新课程改革以及 2014 年的新高考改革，每一次改革都是为了构建更加公平、科学的选拔机制。在这个过程中，我国的教育理念也发生了从以知识传授为主到注重素质教育和个体全面均衡发展的变化。

新高考改革是我国教育改革的重要组成部分。2014 年，教育部发布《关于深化考试招生制度改革的实施意见》，明确提出形成分类考试、综合评价、多元录取的考试招生模式，健全促进公平、科学选才、监督有力的体制机制，构建衔接沟通各级各类教育、认可多种学习成果的终身学习"立交桥"。新高考改革是大势所趋。教育不是孤立的存在，教育需要适应社会环境、满足特定的社会期待、促进国家科研创新、激发社会经济活力，同时在新文化与生活方式的塑造方面发挥引领作用。

（二）新高考改革的核心理念

高考从"3+X"模式走向"3+3"模式，既体现了考试外在形式的变化，又体现了中国教育核心理念的转变。在新高考改革实施之前，高考更注重"绝对公平"，这存在其历史必然性。过去，国家需要以最低成本选拔人才、培养标准化人才，以支持工业化体系的建设。而随着时代的发展，过去的高考模式显露弊端——只注重选拔、不注重培养。曾经的高中教育过于注重应试，忽略学生个性与综合素质的发展，已无法适应现代社会"自主学

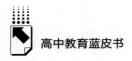

习、个性化学习和终身学习"的多维需求。各地区的经济发展水平、社会发展形态不同，与之相对应的教育需求和教育资源也不尽相同。尽管各省市发展存在不均衡性，但依旧能看到大方向：在科技快速变革的时代，或早或晚，我们必将面对教育的变革。教育对于下一代的意义，不是应对今天的社会现实，而是对明天的不确定性做更好的准备。旧高考是"千军万马过独木桥""一考定终身""选拔标准化人才"，而新高考将规划多元化路径，建立综合评价体系，培养复合型、创新型人才。

三 新高考背景下学业规划面临的新挑战

新高考不是局部的规则改变，而是由新的教育理念驱动的全新变革，在很大程度上重构了整个高中阶段教与学的概念与规则。

新高考制度在为高中生提供更多选择的同时，对高中生学业规划提出了全新的挑战。这就要求学生尽早了解个人所长，明确未来的职业倾向，做出更加适合、更加有利于自身发展的学业规划，从而让自己在今后的职业规划和选择过程中掌握更大的主动权。这使得普通高中阶段的学业规划变成不可或缺的内容，而高中生在进行学业规划时，需要了解评价录取方式的变化。

（一）多元评价录取方式的变革

1. 选科模式转变：打破了文理分科二元模式，给学生较大自主选择权

在"3+X"时代，学生在高中阶段要做的重要选择是学习文科或理科。这种传统模式下，学生的选择有限，如果学生在文综或理综中有不擅长的科目，是无法协调的。其实，文理分科在中国只有40多年的历史，它是中国恢复高考后为解决人才"断层"问题、快速培养专业技术人才而设立的，这种模式已不适应当下的中国社会。实际上，所有学科并不是天然可以被分为文科或理科，如在某种程度上我们也可以认为地理是理科，因为它与地球科学、天文学有密切联系。

再从录取端来看，在高校里不仅有文学院、理学院，还有工学院、商学院、法学院、医学院等，此外还有艺术学院和体育学院等，相关专业很难简单划分到文科或理科中。所以，打破原来简单的文理分科二元模式，有助于人们重新认识学科，建立更综合、多元化的学科思维模式。

在"3+3"时代，学生要做的选择是"6选3"，有多种科目组合。新的选考模式让学生对高考以及升学有更大的自主选择权，让他们获得更为个性化的教育体验，这符合素质教育方针，更有利于培养复合型、创新型人才。

2. 等级赋分制：提升教育公平性，更强调学生能力等级

等级赋分制是按考生在一个科目中的全省总排名，将其分入相应等级，根据等级的分数段给考生赋分，将原始分数转化为"名次分数"。在教育公平的原则下，试行该制度有其必要性。"3+3"模式下，高考录取会出现一个新问题：报考同一所大学、同一专业的学生，在高中阶段可能有着不同的选科组合。在实际情况中，如果两名考生高考分数一样，但专业只剩一个录取名额，如何做更加公平？看上去比较原始分是公平的，其实不然——有些科目天然比其他科目难度大，如物理和化学，多数人认为学起来难，但学得好更容易考取高分；有些科目得高分难，得低分也比较难，成绩向中段集中，如文科。因此，跨学科比较原始分是一种不可取的录取方式。相对公平的是比较考生在各自选科中的排名。在等级赋分制中，考生全省排名的占比位置才是决定其选考成绩的最终因素。等级赋分制强调的是学生的能力等级，而非纯粹的得分。这种方式在很大程度上解决了不同学科之间存在的学习难易度问题，避免学生都去选择容易得高分的科目而导致选科失衡。

3. 评价方式的创新：更注重综合素质及全面发展

新高考改革实施后，曾经令人眼花缭乱的高校"自主招生"录取方式被叫停，目前高校录取考生，除了完全按高考统考成绩，主要有两种方式，即"强基计划"和"综合评价"。

（1）"强基计划"

2020年1月，教育部印发《关于在部分高校开展基础学科招生改革试点工作的意见》，开始推动新一轮基础学科招生改革，被称为"强基计划"，其

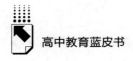

目的是选拔有志于服务重大国家战略需求且综合素质优秀或基础学科拔尖的学生。"强基计划"给予高校较大的招生自主裁量权，同时为避免过度自由裁量限制了两个条件：一是学生不能再绕过高考，"强基计划"仍是基于高考成绩的一种自主选拔形式；二是学科上的限制，要突出基础学科的支撑引领作用，重点在数学、物理、化学、生物及历史、哲学、古文学等相关专业招生。高校根据拔尖创新人才培养需要，制定"强基计划"招生和培养方案。符合高校报考条件的考生可在高考前申请参加"强基计划"招生。"强基计划"在保证公平公正的前提下，探索建立多维度考核评价的招生模式。

（2）综合评价

根据教育部出台的《关于加强和改进普通高中学生综合素质评价的意见》，从2018年高一学生入学起，多省市开始尝试构建高中学生"综合素质档案"，从思想品德、学业水平、身心健康、艺术素养及社会实践5个方面客观记录学生的成长历程，为学生全面发展、健康成长以及高考多元录取提供重要参考。综合评价招生最大的特点是基于考生高考成绩、高校综合测试成绩和高中学业水平测试成绩，按照一定比例计算形成考生综合分数，最后按照综合分数择优录取。这是对统一招生录取方式的一种重要补充，更加关注高校自身培养特色和考生的全面发展。

（二）高中生学业规划的重点和难点

新高考改革以"3+3"模式为核心，增强了学生的主观能动性，同时带来了新的挑战。学生的学习生涯变得更加多元化、个性化。新的高考模式也为学生的学习生涯带来了新的挑战——选科、走班、选考、志愿填报，这四大挑战已经成为影响学生未来发展的关键因素。

1. 选科

高一下学期学生会面临选科。在"3+3"模式下，理论上学生可以根据自己的兴趣与特长选择20种不同的三门科目组合（浙江省是7门课35种选择）。然而，一些学校会根据自身实际情况规定科目选项。虽然大部分学校会先征求学生的选课意向，但也会存在特殊情况，不是所有人都能选到自己想学的三门课。

实践中，学校特长学科、学生特长学科、班级质量、学生兴趣爱好等因素都会影响学生选科的实际结果，如果学生根据自己的兴趣选择的学科是学校的弱势学科、没有更多人选而导致无法开班，就不得不改选其他学科。

2. 走班

选课后，学校一般从高二开始正式实行"走班制"。各学校的走班制大致可以分为两种：一是全走班，即所有学科、所有学生都实施走班制；二是按选考走班，即语文、数学、外语3门主科采取固定班级制，选考学科采取走班制。

走班制对高中学生的适应能力是一种较大的考验。首先，走班拉远了同学之间、师生之间的距离，老师只有在上课的时候才来，没有以往师生之间的亲近感和熟悉感，同学之间的交流也没有从前那么密切和方便。此外，一些学校由于师资配置问题，频繁更换老师，学生需要每天都带着很多课本来回换教室。走班制意味着学生需要适应不同的学习环境和人群，这对学生的适应能力和人际交往能力提出挑战。

3. 选考

在选考科目上实行等级赋分制，按学生在全省的排名区间折算成相应的分数，这种规则使选择难度高、选考人数少的学科面临"被弃考"的情况。这是一个较为严重的问题，如2017年浙江省30万名考生中仅2万多名考生选考了物理，这2万多名选考物理的学生面临较为残酷的竞争，因为根据等级赋分制，不管实考分是多少，排名在1%内都会被换算成40分。其后，实施"3+3"模式的省份实行了不同的新政策，确定等级赋分基数，建立选考保障机制。新高考改革采用了"3+1+2"的新选科规则，从根本上规避了"弃考"现象。这些新规则是对考生最终高考成绩影响很大的因素。

4. 志愿填报

志愿填报的主要变化有两个，一是大学规定必须选考某学科才能报考相关专业，很多学生在高一时没有意识到这种变化，到高考填报志愿时才发现

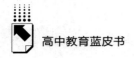
心仪的专业选择不了；二是实行专业（类）平行志愿，从学校优先变成了专业（类）优先，一些省份的平行志愿较多，学生可能因为选填太多而出现失误。

四　新高考改革背景下教育服务企业关于学业规划的探索

随着新高考改革的推进，高校选拔多元化趋势逐渐增强，高中阶段推进学业规划势在必行，教育行业面临前所未有的机遇和挑战。教育服务企业如何在这样的背景下确定企业发展原则和目标、学习新高考改革精神、提供优质教育服务、强化高中生学业规划能力、制定高效学业规划方案，成为一项重大课题。

（一）确定企业发展原则和目标

作为一家专注教育科技的企业，网易有道以"科技成就高效学习"为使命，致力于推广高质量的教育服务和前沿的教育思想，其核心价值在于运用先进技术和优质教育内容，在推进教育现代化方面发挥积极作用。

网易有道始终致力于促进教育公平、提高教育质量，并积极响应国家号召，努力推动教育强国建设。这一发展目标深深植根于其企业文化和运营理念之中。促进教育公平是网易有道对社会的庄重承诺，公司坚持利用先进的科技手段，打破地域和经济的限制，为所有学生提供平等接受优质教育的机会，力图缩小教育资源的分配差距，为促进社会公平贡献力量。提高教育质量是网易有道对用户的坚定承诺。公司不断开发和优化产品及服务，致力于通过科技创新提升教育效率和效果，以满足不同学生的个性化需求，助力他们实现全面发展。同时，网易有道深知教育强国建设的重要性。公司积极响应国家的教育政策，与学校、家长和社区等多方积极合作，共同推动教育改革和发展，以推动教育强国建设，为社会的持续进步提供坚实的支撑。

（二）学习新高考改革精神，提供优质教育服务

为贯彻习近平总书记在中共中央政治局第三次集体学习时提出的"切实加强基础研究，夯实科技自立自强根基"① 工作要求，落实国务院《关于新时代推进普通高中育人改革方式的指导意见》，深入了解全国高中教育现状与问题，扎实推进高中教育教学质量的提高，网易有道紧紧围绕"融合、创新、共享、开放"理念，全面调动优质教育资源、学术资源，结合自身丰富教育实践经验，积极推动"基础学科拔尖人才培养计划"的落地，旨在帮助更多的高校加强拔尖创新人才培养，为有志于服务重大国家战略需求且综合素质优秀或基础学科拔尖的学生提供更多的支持和帮助。

网易有道针对有不同需求和发展定位的高中学段学生提供适配的教学体系和优质内容。针对学科竞赛的学生，提供全国中学生奥林匹克竞赛相关训练和指导；"直通强基"计划则适合有志于参与"强基计划"选拔、基础学科拔尖的同学；高考培优产品综合各地考情，提供一套针对高考的完整高效的备考方案。

（三）强化高中生学业规划能力，制定高效学业规划方案

新高考改革提倡学生自主学习，对学生的学业规划意识和能力提出了新的要求。网易有道积极响应这一趋势，成为国内最早提供高中学段学业规划指导服务的企业，并不断强化团队的学业规划指导能力、优化服务功能。

2023 年 4 月，网易有道携手中国科学技术大学、南京大学、哈尔滨工业大学、西安交通大学、北京航空航天大学、同济大学等"双一流"高校一起走进全国 15 省市的近 200 所重点中学，同高中校长和班主任座谈交流，并面向学生和家长开展升学规划、大学与专业解读、志愿填报等一系列主题

---

① 《习近平在中共中央政治局第三次集体学习时强调　切实加强基础研究　夯实科技自立自强根基》，中共中央党校网站，2023 年 2 月 22 日，https：//www.ccps.gov.cn/xtt/202302/t20230222_156639.shtml。

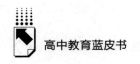

公益巡讲，致力于帮助广大高中学生与家长了解高校当前招生政策、就业形势，更好地进行新高考背景下的学业规划，助力学子圆梦理想大学。

五 变革中的学业规划实践——网易有道的发展思考

目前，我国高中生及其家长普遍缺乏学业规划观念与能力。高考生填报志愿专业目标不明确、多数学生及家长填报志愿出现迷茫与焦虑等问题普遍存在。同时，由于高中生普遍缺乏学业规划认知、学业规划行为和学业规划指导经历，在科目选择上存在功利主义取向、自主选择能力不足等问题。

作为中国领先的教育科技企业，网易有道致力于搭建学业规划服务平台，提供学业规划服务，构建全过程高中学业规划指导模式。在新高考背景下，教育企业首先需要确立教育使命、承担社会责任，其次是不断创新、持续优化服务，同时顺应发展趋势、以科技赋能教育。在这样的行动框架下，网易有道积极进行学业规划的探索与实践。

（一）肩负责任，忠于初衷：网易有道的教育使命和核心价值观

网易有道的教育使命源于其深深的社会责任感，那就是通过互联网技术为广大用户提供优质、便捷、有效的学习方法，培养具有国际视野的终身学习者。在教育使命的指引下，网易有道致力于通过技术创新推动教育变革，以更好地满足社会和个体的学习需求。网易有道成立18年来，基于人工智能、自然语言处理等核心技术优势，围绕全年龄段用户的各种学习场景打造了一系列学习产品，从学习工具、学习内容、学习方式等维度为广大学习者提供优质的学习资源与服务，始终践行"高效学习，从有道开始"的使命。网易有道认真对待每一个学员、每一位家长、每一节课，坚持以学员和用户为中心，目标是做中国广大学习者最好的在线学习伙伴，同时成为学校教育的有力补充。

（二）追求卓越，持续创新：持续优化教育产品和服务

为了实现教育使命，网易有道追求卓越、不断创新，提供多元化、个性

化的教育产品和服务。其中既有深受用户喜爱的有道词典，又有开创词典笔品类的有道词典笔，更有涵盖棋类、编程等品类的素质素养产品和针对成人职业发展的技能学习平台网易云课堂、中国大学 MOOC 等，累计服务用户超过 10 亿人。在产品开发和服务的过程中，网易有道始终关注学生的需求和体验，通过持续优化产品功能、提升服务质量，为用户提供丰富的学习选择。

（三）洞察时势，灵活变通：灵活应对新高考改革的变化与挑战

新高考改革为我国教育带来了全新的挑战和机遇。在这种情况下，网易有道通过深入分析新高考改革的政策，及时调整产品和服务策略，以适应新的教育环境。例如，网易有道推出的有道领世智能学习系统为高中学生打造了高效、专业、完整的学习解决方案，囊括了高质量的知识点讲解视频，能充分辅助不同的学生定向攻克自己的薄弱环节，并随时追踪和检查自己的学习效果，大大提升了学生的学习效率和体验。在此基础上，由"双一流"高校优秀毕业生组成的师资团队不断优化学习系统，帮助学生进行个性化的自主学习。除此以外，针对学生的学业压力和心理问题，网易有道还提供心理咨询、家庭教育科普、学习方法指导等顺应新形势、满足新需求的教育服务，帮助学生构建科学的学习体系，也帮助家长更好地陪伴孩子完成高中学业。

（四）依托科技，推动发展：运用先进科技手段提升教育服务效果

网易有道始终将科技视为推动教育发展的重要力量，充分利用人工智能、大数据、云计算等先进科技提升教育服务的效果。

从优先布局机器翻译的有道翻译，到开创新品类的智能词典笔，再到涵盖多品类的学习硬件矩阵，网易有道的创新实力被充分体现。在当下人工智能全面发力的时代，网易有道始终探索"场景为先"的教育应用前沿阵地，2023 年亮相于世界人工智能大会的"虚拟人英语口语教练"标志着网易有道自研教育大模型技术的率先落地。

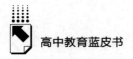

　　高中生学业规划是落实新高考政策的有效实践途径，是推动学生个性化发展、提升其综合能力的重要手段。有效的学业规划有助于高中生合理定位，提高自我管理能力，增强成才的主动性。为此，网易有道将继续以科技为依托、以学生为中心，持续创新，提供更优质的高中学业规划服务。

贯通融合　强基领航：成都教科院附中提升育人质量的创新实践

潘君　钟剑　魏毅*

摘　要：　全面建设社会主义现代化国家，教育是基础，科技是关键，人才是根本。推动教育高质量发展，学校要创新育人方式，提升育人质量。成都市教育科学研究院附属中学自 2019 年创办以来，以培养"德才兼备、勇于担当的创新型杰出青年"为育人目标，以"大成智慧"教育理念为指导，以"全面发展"和"拔尖创新"为重点抓手，建立"生本"教育课程体系，依托"一核两翼三层四类"课程促进学生全面而有个性地发展。成都市教育科学研究院附属中学在教育教学实践中不断创新，为学生成长和国家发展贡献力量。

关键词：　教育创新　人才培养　强基领航　生本教育

　　成都市教育科学研究院附属中学（以下简称"成都教科院附中"）于2019 年创办，致力于成为一所省内首创、国内一流的智慧型、高品质、现代化公办完全中学。学校根植于成都教科院厚重的学术底蕴，由成都教育智库赋能，结合成都市高新区教育改革发展优势，积极转化教育科研实践成

---

* 潘君，成都市教育科学研究院附属中学校长，成都市教育科学研究院中学研究所副所长，全国知名化学竞赛金牌教练，四川省骨干教师，中学化学高级教师，主要研究方向为高中教育管理、高中化学；钟剑，成都市教育科学研究院附属中学教务处主任，成都市高中物理学科中心组成员，中学物理高级教师，主要研究方向为高中物理；魏毅，成都市教育科学研究院附属中学政治组教研组长，成都市骨干教师，成都市优秀学科教师，中学一级教师，主要研究方向为高中政治。

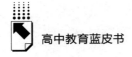

果，探索区域教育综合改革，立足时代发展需求，办好人民满意的教育。

成都教科院附中紧跟新时代国家教育发展需求，以"全面发展"和"拔尖创新"为重点，结合《教育部等六部门关于实施基础学科拔尖学生培养计划2.0的意见》《教育部关于在部分高校开展基础学科招生改革试点工作的意见》，以前瞻性思维精心谋划，以科学态度精准施策，以"大成智慧"教育理念为指导，形成"贯通融合、强基领航"的办学特色，以实际行动不断服务国家选才需要。

一 贯通融合，促进学生全面发展

钱学森先生提出的"大成智慧"，引导人们获得聪明才智与创新能力，使人们面对新世纪各种变幻莫测、错综复杂的事物时，能够迅速做出科学而明智的判断与决策。成都教科院附中以"大成智慧"为教育理念，聚焦"文理融合""全面发展""关注基础学科""厚植基础知识""关注实践""爱党爱国""品德与精神"等关键点，构建"贯通融合"人才培养路径，打造初高贯通、大中贯通、学科贯通的贯通式培养体系，具体内容如下。

（一）推进能力与人格的融合

成都教科院附中以培养社会主义建设者和接班人、担当民族复兴大任的时代新人为己任，提出"德才兼备、勇于担当的创新型杰出青年"的育人目标，着力构建知识探究、能力提升、人格养成"三位一体"的人才培养模式。以马克思主义哲学价值论为引领，提出"教育就是要激发人的善意"理念，引导学生"与己存善"，实现自我价值；与人友善，实现社会价值；开阔眼界，萌发淑世情怀。力求学生能在个人价值与社会价值的统一中实现良性发展。

（二）推进学科专业之间的融合

成都教科院附中把科学精神、思想品德、实践能力和人文素养贯穿人才培养的全过程，不断培养具有批判精神、独立思考能力、高度社会责任感、跨学科知识的一流人才。开设校本拓展、大师领航、大学先修、人文实践课程，并开设40余种选修和社团课程，促进文理融合，引导学生关注社会、勇于实践、善于创新。

（三）推进科研与教学的融合

成都教科院附中依托成都教科院的智库资源，充分发挥课题研究与课堂教学互相贯通、转化的优势，全体教师以研究的视域教书，以"生本"的视界育人。

（四）推进学校与高校、社会的融合

成都教科院附中与北京大学、清华大学、四川大学等高校以及社区、文博场所、科技中心等社会力量密切合作，为开展融合教育提供了充分的资源保障和有力的外部支持，以研学活动、选修课程、讲学等方式开拓学生的视野，培养学生的社会责任感。

（五）推进高考与强基的融合

成都教科院附中紧跟国家人才培养战略，深刻解读"强基计划"和"拔尖计划2.0"。2020年12月，学校挂牌"四川省强基研究所"，全面系统对接"强基计划"，成立"强基中心"，实施独具特色的"高考+强基计划全日制双优"培养模式，着眼于培养全面发展、特色突出的创新型杰出青年。

二　强基领航，助力拔尖人才培育

（一）构建"生本"教育课程体系

"德才兼备、勇于担当的创新型杰出青年"的育人目标推崇全面发展与个性发展并举；全面发展要求学校打造核心课程，关注学生德智体美劳方

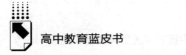
面的发展；个性发展则需根据每位学生的发展需要，充分立足学生的兴趣和爱好，为其提供多元化的课程体系。为此，成都教科院附中在办学过程中践行"以生为本"，遵循"贯通融合、强基引领"的办学特色，打造初高贯通、大中贯通、学科贯通的贯通式培养体系。

根据课程的难易程度，课程体系划分为基础层、提升层和拔高层，努力促进全体学生"全面而个性"地发展，以此构建成都教科院附中"一核两翼三层四类"教育课程体系（见图1），也称"生本"教育课程体系。具体而言，学校课程建设坚持"以生为本"的核心理念，把"学科知识"和"实践活动"作为课程建设的"两翼"，把基础层、提升层和拔高层作为学校课程实施与评价的"三层"，将学校课程划分为立德课程、求是课程、厚学课程和鼎新课程四种类型。

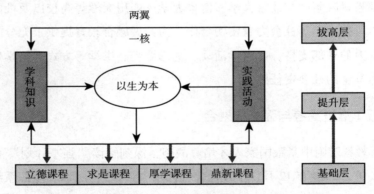

图1 成都教科院附中"一核两翼三层四类"教育课程体系

"一核"体现了学校课程建设的基本价值取向和发展方向，"以生为本"的核心理念从整体层面为"两翼三层四类"提供方向指引，"两翼"为"一核"提供重要支撑，"三层"紧扣"一核"的育人理念并依托"两翼"的重要支撑，为课程建设提供重要的行动保障，"四类"为"一核两翼三层"提供行动路线。

1."一核"为课程核心：彰显"以生为本"的理念

学校课程体系建设遵循"以生为本"的设计理念，旨在立足国家课程基础，充分考虑不同学段、不同学生的发展水平，结合学生的兴趣和特长因材施教，以筑牢学科基础，提升科学素养，以高质量、高效率、个性化的融合课堂引领学生健康成长和卓越发展。

2. "两翼"为课程支撑：凸显"学科知识"和"实践活动"的融合

在"以生为本"核心理念的指引下，课程设计须凸显"学科知识"和"实践活动"的融合。基于此，"两翼"中"一翼"指向学科知识，以学科类自主课程为主，旨在培养学生的基础学科知识、基础能力、基本技能，期望学生在拓展与思考中构建系统的知识体系；"另一翼"指向实践活动，以实践类自主课程为主，旨在培养学生的实践能力、素养，期望学生在实践与体验中形成正确的价值观。

3. "三层"为行动保障：立足"基础—提升—拔高"的目标

尊重差异，分层教学，循序渐进，让每一位学生都有获得感和成就感。学校课程体系按"基础层—提升层—拔高层"设计。基础层针对所有的学生，旨在巩固学生的知识基础；提升层根据学生的特点、兴趣、水平等将其分为不同类别、不同层级，有针对性地提高学生的水平和能力；拔高层推动学生深入钻研，以"强基计划"为引领，采取"高考+强基计划全日制双优"培养模式，通过融会贯通的课程和教学，提高学生的知识融合能力，增强学生的创新意识，为拔尖创新人才培养营造良好的环境。

4. "四类"为课程类别：体现"立德、求是、厚学、鼎新"的特色

（1）立德课程

德是影响一个人发展方向和发展水平的决定因素。立德课程坚持德育为先，通过正面教育来引导人、感化人、激励人；坚持以人为本，通过合适的教育来塑造人、改变人、发展人。

学校始终将立德树人的理念贯彻落实到教育教学的各个环节，通过丰富的德育课程和德育活动，形成了全员育人、全程育人、全方位育人的德育课程体系，构建全体教师"人人是导师"、年级学生"生生有导师"的沟通机制。学校的德育文化分为"红色文化""绿色文化""蓝色文化"，"红色文

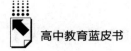

化"在潜移默化中培养学生对传统文化和革命精神的认同,"绿色文化"引导学生关注身心健康成长,"蓝色文化"则关注科技创新。成都教科院附中引导学生将社会主义核心价值观内化于心、外化于行,以实现伟大复兴的中国梦为己任,坚持政治认同,坚持个人理想与国家理想相辅相成,将个人志向融入国家战略需求。

（2）求是课程

求是,意为做学问要根据事实、实证,探索真知或正确结论。求是课程着重倡导一种科学精神和科学态度,旨在培养学生严谨的科学态度、缜密的思维和科学探究的精神。在课程的学习和探究中倡导一切从实际出发,把握和遵循事物的客观规律,在实践中不断探索进取,发现问题、分析问题、解决问题,学以致用。

求是课程契合高考学科要求,成都教科院附中以"高考评价体系""双新"为重点,坚持以教研组为单位参与高考试题研究,以备课组为单位编制校本教材,一方面体现出学科特色性,另一方面符合初高中贯通式的培养需要,为初中、高中学生连贯性成长提供教材支撑。《逐鹿》《心中有数》《历历可考》《地心引力》等九大学科校本资料深受学生喜爱。

在日常教学方面,成都教科院附中以"尊重个体、尊重差异、培优强基"为原则,为学生建立成长档案,内容包括该生的思想品质、学习品质、思维品质、情商表现、兴趣爱好、学科特点、发展态势、家庭状况等。建立了两种培养模式,一是组织"强基"班,重点针对学科竞赛进行辅导;二是分类辅导高考弱势科目。在常规教学方面要求全体教师严格落实"五面"教育:思想教育面谈、课堂作业面批、错误作业面改、自习辅导面查、阶段考试面评。

（3）厚学课程

"厚学"意为崇尚知识、学问渊博。厚学课程以学校丰富的社团、选修课为载体,涵盖语言文学、人文社会、艺术、体育、劳动、科创、航空航天等方面,在追求知识广博、素养全面发展的基础上更注重对学生兴趣的激发、特长的培养,让学生能向内完善自我、向外丰富自我。

（4）鼎新课程

鼎新，意为坚持与时俱进、不断开拓创新。鼎新课程涵盖五大学科竞赛课程、"强基"课程（文/理），贯通培养学生学科特长和科学创新精神，探索拔尖创新人才的成长路径。学校汇聚了一大批国内名师、顶级竞赛教练，各学科教研组、竞赛教练团队聚焦贯通培养、融合教学的课程特色，不断探索和完善课程结构，优化课程方案。

（二）"生本"教育课程体系的实施保障

为确保成都教科院附中"生本"教育课程体系的有效施行，学校明确了规范标准、课程团队、评价体系"三位一体"的实施与评价路线（见图2）。

图2　"三位一体"的实施与评价路线

1. 以系统的规范标准为引领，明确课程体系的实施方向

学校课程体系的顺利施行离不开规范标准的指引。"一核两翼三层四类"框架为成都教科院附中"生本"教育课程体系建立了较为系统、合理的规范标准。规范标准一般包括课程科目、教材体系、教学目标、学时安排和课程评价5个板块。就课程科目而言，学校立足国家课程和地方课程，结

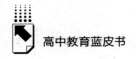
合学生德智体美劳的发展需要，自主设立立德课程、求是课程、厚学课程、鼎新课程，并根据不同学段进行具体科目的课程设置，从方向性层面确保学校课程门类齐全，满足不同学生的发展需要。就教材体系而言，学校根据已开设的各类课程分年级统筹安排，充分发挥自身的科研与教学优势，各教研组根据学生的发展需要挑选和编制适合本科目需要的教材。教材体系一方面体现出自身的特色性，另一方面符合初高中贯通式的培养需要，为初中、高中学生连贯性成长提供支撑。就教学目标而言，"生本"教育课程体系有基础目标、提升目标和拔高目标，基础目标为全体学生的基础性发展提供参照，提升目标顺应学生成长成才需要，拔高目标为拔尖创新型人才培养提供方向。三个层次的教学目标层层递进，为学校课程的发展提供明确指引。就学时安排而言，"生本"教育课程体系兼顾初中、高中的贯通式教学，针对每个学段学生的主要学习任务设计灵活多样的教学任务。就课程评价而言，四大类型课程各有其评价的侧重点，每种课程的评价又分为基础性课程评价、提升性课程评价和拔高性课程评价，基础性课程评价注重对学生基础知识和基本能力的考评，提升性课程评价着眼于对学生发展性、过程性的评价，拔高性课程评价注重对学生创新能力、创新思维的评价。

2. 以专业的课程团队为指导，奠定课程体系的实施基础

专业的课程团队是学校课程建设取得成效的重要人才保障。成都教科院附中"生本"教育课程体系的课程团队主要由大学教师、学科专家、一线教师、教研员等构成。大学教师和学科专家为各门学校课程建设提供前沿的理论指导，不断完善课程的知识体系，为贯通高中与大学的课程及教学提供理论帮助和实践培训。教研员和一线教师是"生本"教育课程体系的深度参与者和践行者，从实践层面为学生提供一体化、全方位的学习指导。以彰显学校特色的鼎新课程下的强基课程为例，强基课程的课程团队包括外聘专家、教授及学校教师。在外聘专家、教授层面，学校和清华大学、四川大学等高校及人大附中、杭州二中、重庆巴蜀中学等全国知名中学建立了良好的合作关系，定期邀请知名教授到校开展讲座或者把学生送到知名中学交流，共同学习、加速成长。在教师层面，学校已搭建起一支经验丰富又充满干劲

和活力的竞赛教练队伍，每个学科包括至少 3 名竞赛教练。学科教研组和竞赛教练团队的深度参与，有助于打破学科之间的知识壁垒，减少重复学习和无效实践现象的发生，促进学生全面而自由地发展。

3. 以多元的评价体系为抓手，确保课程体系的实施进路

"生本"教育课程体系的最终目的是实现全体学生全面而有个性地发展，因此其采用的是多元的评价方案。首先，构建动态、丰富的学校课程评价标准。立德课程、求是课程、厚学课程、鼎新课程的指向各有侧重性，围绕四大课程建立起四大评价标准，用开放的评价标准促进课程的实施。其次，组建包含多群体的课程评价主体。组建由教师、学生、家长、专家等多角色构成的评价主体。教师和学生是学校课程建设的直接参与者，也是确保学校课程评价有效性的关键一环。家长和专家的参与有助于从不同层面兼顾学生的发展需求，保障学校课程评价的科学性和可操作性。最后，采用定性与定量相结合的多元评价方法。学校课程建设内容繁多，任何一种单一的方法都难以确保评价是客观、有效的。对立德课程，可采用定性的评价方法，真实地描述和反映每个学生的发展特性。对求是课程，可采用定量的评价方法，客观反映学生入校三年学业成绩的变化。对厚学课程，可以采用多种评价方法，把定性评价和定量评价应用于教师评价、学生自评和互评的过程中，保障课程的有效实施。对鼎新课程，可采用定量的评价方法，客观精准地反映学生的进步情况以及取得的成绩。唯有将定性与定量评价相结合，才能查漏补缺，确保课程评价的科学性、客观性与公平性，使其更好地服务全体学生的多样化发展需求。

成都教科院附中坚持以研究的视域教书，以"生本"的视界育人。在"贯通融合、强基领航"办学实践中，学校将不断求索，为学生成长搭梯，为国家发展育才。

B.10
托管帮扶，推动县域高中生涯教育
探索实践

——以河北省青龙满族自治县第一中学为例

许旭轩*

摘　要：　新高考改革将高中生涯决策节点前移，高中生涯教育的迫切性不断凸显。为聚焦普通高中课程改革和高考综合改革核心任务，加大对教育基础薄弱县普通高中的帮扶力度，2022年教育部部署实施县中托管帮扶工程。本报告立足高中生涯教育的必要性，以北京师范大学托管帮扶河北省青龙满族自治县第一中学为例，从机制构建、资源覆盖、队伍建设、区域辐射等多个层面分析了托管帮扶工程在高中生涯教育方面的实践，探讨了托管帮扶工程对于推动县域高中生涯教育的作用，为县域高中开展生涯教育探索实践提供依据。

关键词：　高中生涯教育　北京师范大学　青龙一中

一　引言

　　建设教育强国，基点在基础教育。其中，高中教育不仅是连接九年义务教育和高等教育的重要纽带，也是学生成长为技能型人才与高素质劳动者的重要阶段，更是学生个性与特色显现，人生观、价值观形成的重要时期。一

---

*　许旭轩，教育部驻青龙县挂职副县长，人教社教材中心媒体宣传部主任，主要研究方向为社会宣教。

方面，改革是教育发展的主旋律，中国教育是在不断改革中发展的。自 2014 年国务院印发《关于深化考试招生制度改革的实施意见》以来，截至 2022 年 9 月，全国 29 个省份已启动新高考综合改革。[①] 新高考充分遵循教育教学规律和人才成长规律，赋予了学生更大的选择权。学生自主选课选考作为此轮改革的重要举措，在促进学生知识结构文理交融的同时，使得学生的生涯决策节点被大大提前。[②] 这既对学生个体的发展规划能力提出更高要求，又对高中学校教育理念、教学组织与管理、课程设计与实施提出更大挑战。[③] 另一方面，党的十八大以来，国家实施高中阶段教育普及攻坚计划，县域高中（以下简称"县中"）办学资源得到显著扩充。从体量和办学规模来看，截至 2022 年 7 月，全国县中数量超普通高中总量的 50%，有近 60% 的普通高中学生在县中就读。[④] 由于城乡基础教育水平存在差距等多种因素，教育整体发展水平不均衡，区域高等教育入学机会差距仍存在。作为高中教育的基本盘，县中寄托着广大人民群众特别是农村学生对公平而有质量教育的期盼。县中在新高考改革中做好实践表率，是党中央建设教育强国、全面提高人才自主培养质量的必经之路，是回应人民群众希望接受更好教育期待的应有之义。

换言之，在普通高中（尤其是在农村学生集中的县中）根据学校的办学定位和培养目标开展生涯教育，更好地帮助学生发现自己的特点、兴趣以及职业导向，促进学生综合素质和个体能力的全面提升，是学生的急迫需求，也是新高考改革顺利实施的重要保障。面对城镇化建设加速、跨区生源流动、民办教育迅速发展等因素冲击，一些老牌县中教育质量下滑、教育口碑下降，县中出现生源流失、优秀教师不足、办学条件落后的现象，并引发生涯教育中师资力量薄弱、生涯意识淡薄、课程资源匮乏、实施途径单一等

---

① 《全国 29 个省份已启动高考综合改革》，教育部网站，2022 年 9 月 15 日，http://www.moe.gov.cn/fbh/live/2022/54835/mtbd/202209/t20220915_661428.html? ivk_sa=1023197a。

② 罗小华：《新高考背景下高中生生涯规划教育研究》，《教学管理与教育研究》2021 年第 3 期。

③ 李娟、韩冰清、韦耀阳：《高中生涯规划教育的困境及对策》，《基础教育研究》2022 年第 18 期。

④ 《严禁发达地区城区学校到薄弱地区县域高中抢挖优秀校长和老师》，教育部网站，2022 年 7 月 6 日，http://www.moe.gov.cn/fbh/live/2022/54639/mtbd/202207/t20220706_643738.html。

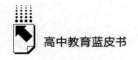

亟待解决的问题。① "县中问题"不仅影响整个县域教育生态，更关乎城乡教育差距的缩小、教育脱贫成果的巩固以及乡村振兴战略的落实。

如何有效推动县中生涯教育探索实践，在新高考改革中抓住机遇，激发县中办学活力，塑造县中发展新动能新优势，已成为国家和社会高度重视的议题。2021~2022年，国务院《政府工作报告》均明确强调要"加强县域普通高中建设"。2022年5月，中共中央办公厅、国务院办公厅印发《关于推进以县域为重要载体的城镇化建设的意见》，要求各地区"全面改善县域普通高中办学条件"。党的二十大报告强调，"推进以县城为重要载体的城镇化建设""加快建设高质量教育体系，促进教育公平"。这些政策都为"县中振兴"提供了方向与保障。办好县中，对于引导和促进县域义务教育优质均衡发展、服务乡村振兴战略和推进以县城为重要载体的城镇化建设具有重要的支撑作用。2021年12月，教育部等九部门印发《"十四五"县域普通高中发展提升行动计划》（以下简称《计划》），引领各大高校立足服务国家乡村振兴战略和人才发展战略，聚焦乡村教育振兴和教育振兴乡村工作，实施县中托管帮扶工程。2023年，教育部等三部门印发《关于实施新时代基础教育扩优提质行动计划的意见》，提出通过"部属高校和省属高校托管帮扶县中等方式"持续扩大优质普通高中教育资源总量。县中托管帮扶工程充分借鉴经济领域对口扶贫的成功经验，以期实现普通高中教育领域"先富带动后富"的良性互动，是实施普通高中内涵建设行动的有益探索。

笔者在河北省青龙满族自治县（以下简称"青龙县"）教育帮扶实践调研中发现，北京师范大学托管帮扶河北省青龙满族自治县第一中学（以下简称"青龙一中"），在提升管理水平、加强教研指导和教师培训、共享教育资源、提高育人质量等方面对青龙一中给予全方位支持，尤其是在推动青龙一中生涯教育探索实践方面取得了一定成效。托管帮扶工程对于提高青龙一中办学水平、促进基础教育发展、更好适应高考综合改革和普通高中育

---

① 赵冬奎、闫功伟：《高中生生涯规划教育现状及发展趋势分析》，《中学教学参考》2019年第33期。

人方式改革、办好人民满意的教育起到了至关重要的作用。因此，本报告选取北京师范大学托管帮扶青龙一中项目开展案例分析。一方面，回顾和总结托管帮扶项目推进的经验和成果，为下一阶段的托管帮扶做好准备；另一方面，有助于丰富托管帮扶工程内涵，增强高中生涯教育的针对性，特别是为县中开展生涯教育探索实践提供依据。

二　案例概况

青龙县是少数民族自治县、山区农业大县、革命老区，也曾是秦皇岛市唯一的国家扶贫开发重点县。全县面积为 3510 平方公里，辖 24 个乡镇 1 个街道 396 个行政村，总人口为 55.5 万人。全县有各级各类学校（幼儿园）492 所，其中普通高中 3 所（含民办高中 1 所）。中小学（幼儿园）学生 70476 人，其中普通高中学生 9103 人。为贯彻《计划》关于实施县中托管帮扶工程的总体要求，深入落实教育部关于实施县中托管帮扶工程的工作部署，加大对教育基础薄弱县普通高中的帮扶力度，提升县中整体办学水平，教育部将青龙一中列入县中托管帮扶项目，并明确由北京师范大学托管帮扶。北京师范大学作为以教师教育、教育科学和文理基础学科为主要特色的著名学府，本着"统筹协调、公益属性、精准帮扶、提高质量"的原则，充分发挥附属学校办学优势，建立了以北京师范大学附属实验中学牵头、北京师范大学良乡附属中学共同参与的机制。2022 年 7 月，北京师范大学与青龙一中签署协议，正式开展对青龙一中的"组团式"托管帮扶。

（一）北京师范大学附属实验中学

北京师范大学附属实验中学创建于 1917 年，是北京市首批示范高中校，也是教育部和北京师范大学进行中学教育改革的实验基地。学校以治学严谨、育人有方闻名全国，办学水平在北京市名列前茅。截至 2024 年 3 月，该中学有专任教师 280 余人，在职特级教师 8 人，北师大基础教育研究员 9 人，市、区学科带头及骨干教师 76 人，高级教师 152 人，具有博士、硕士

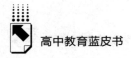

学位的教师 146 人。北京师范大学附属实验中学作为托管帮扶牵头学校，负责具体推动各项托管帮扶工作，包括接收青龙一中选派的跟岗锻炼干部、跟岗学习教师，向青龙一中派出骨干教师进行学科指导，建立常态化教研和资源共享机制等。

（二）北京师范大学良乡附属中学

北京师范大学良乡附属中学是北京市房山区人民政府与北京师范大学于 1998 年 5 月联合创建的一所全寄宿制独立高中，2003 年 6 月被北京市教委认定为"市级示范性普通高中"，也是房山区唯一的市级示范高中。截至 2024 年 3 月，该中学有专任教师 157 人，其中正高级教师 7 人（全部为特级教师），市级学科带头人、骨干教师 8 人，区级骨干教师 40 多人。北京师范大学良乡附属中学积极参与托管帮扶工作，共同助力青龙一中提升办学水平。

（三）青龙一中

青龙一中建校于 1951 年，为公办性质高级中学，2003 年被确定为河北省示范性普通高中。占地总面积为 220 亩，办学规模市属最大，办学条件省属一流。截至 2024 年 3 月，青龙一中有教学班 84 个，在校生 4212 人，在职教师 460 人，其中研究生学历 29 人、中学高级教师 138 人。

近年来，受经济发展水平、城镇化进程、公共教育政策等多方因素的影响，作为县域普通高中的青龙一中面临生源师资流失、教育理念落后、教学质量下滑等发展困境。2021 年，中考成绩排在全县前 300 名的学生仅有大约 10% 留在青龙一中就学。面对新高考改革，青龙一中生涯教育实践仍有较大的提升空间。一是学校方面，受传统应试教育体制的影响，学校仍非常重视分数和升学率，缺乏生涯教育课程资源。二是教师方面，部分教师教育理念陈旧，缺乏与生涯教育相关的素养和技能，无法科学地指导学生。三是家长方面，大多数家长把生涯规划视为升学、就业的工具，部分家长自身受教育程度不高、知识面较窄，对子女的生涯规划指导有限。四是学生方面，大部分学生专注学业，对自身生涯规划意识不足、重视不够，在生涯规划方面存在认识上不清晰、规划上被动、选择上盲目等问题。

（四）托管帮扶总体成效

自 2022 年北京师范大学托管帮扶青龙一中以来，青龙一中办学活力整体提升，办学行为全面规范，教师培训扎实推进，生涯教育实效突出。北京师范大学实施了"培优计划""强基计划""雏鹰计划"3 个教师培训项目，研究并推进了"开展社团活动""开齐国家规定课程"等内部改革，制定并落实了"北师大基础教育学科共同体培训""北师大附属实验中学及良乡附中一对一帮扶"两个专项行动，强力渗透"强师"和"五育"并举的教育理念。青龙一中努力紧跟教育改革步伐，加强对学生职业生涯的指导和规划，不断促进学生综合素质和个体能力的全面提升。

1. 优质生源大幅回归

2022 年青龙县中考录取分数线较 2021 年提高 80 分，全县中考成绩前 300 名的学生有 58.7% 留在青龙一中就学。2023 年青龙县中考录取分数线较 2021 年提高 150 分，全县中考成绩前 300 名的学生有 70.7% 留在青龙一中就学。

2. 教学质量显著提升

青龙一中教师通过托管帮扶参加培训，加强对新教材内容、教学目标的正确理解和把握，全面了解生涯教育的主要内容。教师教学理念得以更新，课标意识不断增强，教学目的性更明确。课堂教学更加凸显以学生为主体、以学生学习为中心。教师的研究学习之风更浓厚，科研积极性明显提高。

三　措施及启示

（一）高位推动，构建有效机制，助力生涯教育托管聚能

通过积极争取，北京师范大学托管帮扶青龙一中工作获得了各级领导的

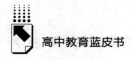

高度重视和支持，各级政府出台相应政策文件，有效推动了托管帮扶工作的落实。结合机制保障，充分挖掘和发挥师范院校的优势，建立了常态化托管帮扶工作机制和有针对性的托管帮扶工作模型，将生涯教育融入学校的日常教学管理工作。

1. 争取各级支持

河北省教育厅数次对托管帮扶工作开展专项调研，从根本上扭转县中生源流失现象。出台相关文件，完善普通高中考试招生政策，压减民办普通高中审批地外招生数量，稳定县中优质生源。青龙县委、县政府坚持"三级书记"抓教育，进一步强化保障责任。不断完善"以县为主，多渠道筹集"的教育经费投入机制，切实加大建设投入力度，改善青龙一中办学条件，并为托管帮扶工作提供必要支持，保障生涯教育经费。北京师范大学主动申请，积极扛起服务基础教育优质均衡发展的大旗，充分依托直属附校和全国附校资源，与青龙一中建立托管帮扶关系。

北京师范大学托管帮扶青龙一中工作分别在 2022 年 9 月 "县中提质：促进城乡教育协调发展"教育改革对话会、2022 年 11 月河北省县中托管工作视频调度会、2023 年 1 月中央单位定点帮扶工作总结会等重要会议上作为典型被提及。

2. 构建有效机制

"一校一策"定制。以"统筹协调、公益属性、精准帮扶、提高质量"的原则为遵循，以促进托管帮扶学校长远发展为基本点，助力县域教育振兴和人才振兴。在托管帮扶前期，北京师范大学针对青龙一中在教育教学改革与发展上的问题做了深入分析，尤其是结合校地特色明确生涯教育相关需求，构建了有效机制。一是三方协同机制。根据需求精准匹配优质资源，推动县中办学质量整体提升。汇聚北京师范大学、地方政府、托管帮扶学校三方力量，按照"直属附校+全国附校+托管帮扶县中"模式，建立了北京师范大学附属实验中学牵头、北京师范大学良乡附属中学共同参与的机制。二是定期会商机制。北京师范大学通过每月一次的"结对子"学校工作协调对接会商机制，与青龙一中建立了紧密的托管帮扶关系，陆续开展有针对性的"点对点"教师教研指导、实地入校指导等对接工作，取得了良好的工作实效。三是有效监测机制。通过建立项目实施跟踪指导机制，及时发现和解决县中托管帮扶过程中出现的问题，联合破解项目实施的痛点和难点。2022 年下半年以来，北京师范大学附属实验中学作为牵头学校，联合北京师范大学良乡附属中学，组织九大学科、生涯规划以及教学管理专家，组成学科指导团队，专项服务青龙一中学科建设及教师成长。疫情防控期间，学科指导团队教师通过线上授课的形式，结合新课标、新教材、新高考，每两周一次对青龙一中教师开展专业学科指导。疫情防控平稳转段后，北京师范大学直属附校牵头"结对子"帮扶校数次赴青龙一中开展入校调研、生涯教育专题指导，受到青龙一中师生广泛好评。

（二）资源覆盖，倡导共建共享，强化生涯教育帮扶赋能

充分挖掘和发挥北京师范大学教育学科优势、人才资源优势和附属高中办学优势，积极整合各级各类渠道，依托北京师范大学学科共同体和"强师在线"平台，为青龙一中提供优质基础教育服务，以学科活动为牵引，调动优质教育资源，促进师生个性成长。

1. 生涯规划课程纳入课程教育体系

充分发挥北京师范大学文理基础学科、教育科学以及综合学科的优势，立足学生素养提升开发校本课程，打造体系化服务项目并面向青龙一中开放。以学校的课程体系为基础，提升核心素养，构建生涯规划学科课程体系。2022~2023 学年，北京师范大学学科共同体面向青龙一中组织活动百余场，活动形式多样、内容丰富、覆盖面广，受到广泛关注和认可。例如，开展高中 9 个学科每学年 54 场线上常态化教研活动，包括主题研讨、课例研讨、集体备课、听评课、同课异构等，聚焦基础教育课程与教学改革前沿问题，为课堂教学研究提供专业化、系统性、常态化指导。结合教育教学常规工作进行生涯教育指导，各学科每年于线下集中开展一次高端学科年会，聚焦学科教育前沿、学科核心素养、系统性研究成果、特色实践案例等内容进行研讨，不断加强学科知识与学生未来生涯发展的关

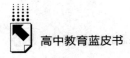
联，将与学科教学相关的行业、职业等融入教学设计，丰富课外知识，增强学科教学的综合性。

2. 全面覆盖优质教育资源

充分发挥北京师范大学教师教育研究和培养培训资源优势，面向青龙一中师生开放一系列优质教育资源，帮助教师充分理解学校的教育理念，完善生涯教育的内容。一是开放线上课程。"强师在线——高师基础教育支持乡村振兴公益平台"初步生成超400学时的教师研训课程资源，上线专题课程623门、优秀课例微课2000多节、各类直播活动630多场、基础教育学科共同体活动230多场。二是开放"木铎金声"讲坛。讲坛涵盖学科素养讲堂、教育素养讲坛、课改前沿分享、名师名家分享等，助力教师更新教学理念，全面提升教师学科专业和生涯规划素养。三是提供"京师优课"。依托一贯制学校办学优势，优化人才培养模式，在心理学、脑科学、学习科学的理论支持下，注重发挥兴趣、情感、意志等非智力因素的作用，通过学习习惯的养成和学习方法的指导，提升学生的记忆力、专注力、思维力。

3. 高度关注学生成长发展

坚持"五育"并举，深化青龙一中育人方式改革，努力突破人才培养"模式单一"和"千校一面"同质化发展的瓶颈，促进青龙一中学生全面、个性成长。在高中生涯教育中融入思想品德教育，对学生进行爱国主义教育，培养学生的社会意识、家国情怀。一是开展多元交流。组织开展传统文化进校园、"国旗下的讲话"、高三学生及家长心理健康讲座等活动，组织青龙一中参与"2022年京师基础教育改革创新成果展"、夏令营活动，赴北京师范大学研学交流，体验大学校园生活，感受大学学术氛围和人文精神，以活动、体验、探索为主要途径加强生涯教育。二是开放北京师范大学青少强基营。探索多维度考核评价模式，青龙一中有拔尖创新潜能的优秀学生可参加北京师范大学青少强基营和竞赛营选拔活动，进而选拔一批有志向、有兴趣、有天赋的青年学生进行培养。三是实施培优项目。组织骨干教师赴青龙一中对高年级优秀学生进行有针对性的专题辅导。自2023～2024学年开始，每学年选拔若干青龙一中优秀学子赴北京师范大学附属实验中学开展为期两周的跟班交流。通过开展社会实践活动，将生涯教育内容和学生现实生活联系起来，丰富学生对现实社会的认识。

（三）队伍建设，瞄准"造血"要素，激发生涯教育内生动能

北京师范大学致力于推动青龙一中管理模式和治理体系的创新变革，更新教育理念、树立生涯教育意识，促进队伍建设和人才培养，探索培养本地优秀校长、教师的实践路径。

1. 推动校级干部队伍建设

选派校长入驻青龙一中，深入开展"点对点"教学教研指导，围绕提升学校治理水平、加强教师队伍建设等重点工作，完善生涯教育运行机制，发挥"传、帮、带"作用，提升县中"造血"功能。截至2024年3月，共向青龙一中派出校长等管理干部3人，青龙一中校级干部队伍全部纳入北京师范大学基础教育学校干部培养培训体系，青龙一中校长受邀参加北京师范大学校级管理干部基础教育创新论坛、附属学校工作会议等各类会议及培训活动。2023年6月，北京师范大学基础教育学校"学习贯彻习近平总书记在中共中央政治局第五次集体学习时的重要讲话精神专题联学活动"举办，青龙一中校级管理干部均参加学习。与此同时，青龙一中加强校长人才库建设，将优秀人才纳入人才库管理，建立了从学校中层、副校长到校长的梯次选拔培养程序。

2. 推动教师队伍建设

以教师教研为核心内容，关注教师队伍成长发展，不断激发县中发展的内生动力；在"组团式"帮扶指导过程中，强化教师队伍交流与研讨，通过"结对子"学校联合教研组的专业指导力量为县中"开单子、谋方法"；注重提升教师科研能力，面向青龙一中开放"凝智计划"国家高端智库基础教育课题征集活动。一是"启航计划"。采取线上集中研修与在岗实践研修相结合的方式，参与生涯教育探讨，提升新教师师德修养，促进新教师理解并初步掌握课程标准，帮助新教师提升教育教学能力和生涯规划指导能力。二是"护航计划"。通过线上与线下集中研修的方式，帮助青年教师在

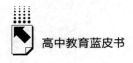

教育理念、教学理论、课堂教学能力等方面达到更高层次的要求，帮助青年班主任加强与学校、家长之间的联系，做好纽带工作，发挥好协调作用，协同开展生涯教育。

3.推动校园建设

一是坚持党建引领发展。坚持赓续红色基因，为党育人、为国育才。将党的领导、党的建设贯穿办学治校、立德树人全过程，为学校落实党组织领导的校长负责制提供健全制度体系、促进改革发展、加强师德师风建设等方面的专业咨询与服务。二是加强学校现代化治理。在治理理念、治理制度、治理行动、治理监督等方面提供专业咨询与服务，有效组织开展生涯教育。三是加强课程建设指导。生涯教育不是孤立的，其融入各学科课程是必然要求。在"全课程"理念的引领下，通过对学校课程的目标、内容、实施与评价、管理制度保障等维度进行设计与指导，帮助学校加快构建具备师大底色、地方特色与学校本色的校本课程体系。四是强化课程教学诊断。提高生涯教育实效性，开展课程评价。选题与云端教研主题密切相关，精选附校教学设计及课例，就关键维度进行课堂观察及诊断，有针对性地进行教学改进指导。五是推动德育一体化。通过优秀实践案例评选与分享、专家讲座与指导，挖掘学校德育特色，引导学校构建以习近平新时代中国特色社会主义思想为指导的方向正确、内容完善、学段衔接、载体丰富的德育一体化工作体系，为学生逐步树立科学世界观、人生观、价值观，开展职业规划提供思想道德基础。

（四）区域辐射，丰富内涵方式，提升生涯教育示范效能

将托管帮扶作为一项周期性工作，结合实际，不断挖掘托管帮扶工作的长远影响。2022年12月，青龙县委十四届四次全会强调，以北京师范大学托管帮扶青龙一中为契机着力打造教育强县。2023年2月，青龙县九届人大三次会议强调，抓住北京师范大学托管帮扶青龙一中的机遇，推动全县教育高质量发展。

1.加强双向学习、推动各方共同发展

不断推动生涯教育走深走实，顺应高考改革的教育背景，促进学校良好

发展。通过丰富托管帮扶内涵和方式，积极促进经验交流，不断激发托管帮扶地域教育事业发展的内生动力；倡导互学互助、共同研究新命题，协同构建促进优质教育资源共享的整体模式、加强教学科研指导的系统方案、推动教师队伍建设的长效机制，最终形成系统化、示范性的托管帮扶体系，不断提升托管帮扶效果。围绕提升新质生产力对大批拔尖创新人才的需求，结合人才成长规律和教育发展规律，通过不断渗透生涯教育内容，在"双减"中做好科学教育"加法"，引导学生自我认识、自主规划、明确选择，激发学生个性潜能。

2. 深化区域辐射，提升资源使用效能

学校是生涯教育的重要主体，在主动推进生涯教育课程建设的同时，应借助家庭、高校、社会的力量，开展"家长职业面对面""高校招生面对面"交流活动，撬动更丰富的教育资源。学校与行业、协会、高校、科研机构等合作，建立学生生涯教育实践基地和高校专业认知基地，为实施生涯教育提供丰富的实践平台。依托"强师在线——高师基础教育支持乡村振兴公益平台"，为县内教师开通免费账号，提供全学科、全学段教师教育课程资源，组织学科专家、一线名师开展全学科、多样化的线上教研活动，发挥合力，促进教师共同成长。针对生涯教育中存在的主要问题、呈现的一般规律和特征以及实践中的经验做法，及时总结推广。

四　结语

新高考改革凸显高中生涯教育的重要性和迫切性。县中在推进教育高质量发展和实施乡村振兴战略中承担着重要使命，作为县域持续办好"更加公平、更高质量基础教育事业"的重要载体，县中同样面临生涯教育探索实践的现实需求。青龙县是教育部定点帮扶县，将青龙一中列入县中托管帮扶项目，是教育部助力青龙县教育更好适应高考综合改革和普通高中育人方式改革的重要举措。北京师范大学托管帮扶青龙一中，充分发挥了基础教育学科优势和附属学校办学优势，贴合青龙县发展需求。

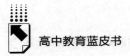

　　北京师范大学从管理水平提升、管理体制创新、校园文化建设、管理及教师团队互派、教育教学改革、教研指导及教师培训、"强师在线"平台共享、学生发展指导、实习实践基地建立等方面对青龙一中开展托管帮扶，提升了青龙县基础教育发展质量，是县中开展生涯教育的有益探索实践。托管帮扶工程切实探索出支持县中办学质量提升的实践之路，通过优质教育资源的共享，引导县中优化育人方式，建立系统、多元的生涯教育保障体系，助推县中和县域学校办学水平的整体提升。

B.11
加强普通高中选修课程建设，
促进科技类拔尖创新人才早期培育

金文旺 *

摘　要： 普通高中选修课程是科技类拔尖创新人才早期培育的重要载体。在北京、上海等地开展的调研发现，当前一线城市普通高中科技类选修课程建设已在积极规划选修课程、分层分类开设课程、灵活组织教学材料、勇于推进教学改革、多元探索课程评价、细化学生发展指导、重视师资队伍建设等方面积累了丰富经验，但也存在整体统筹不够、合作开发不足、考核评价牵引不强等问题。在江西、陕西等地开展的调研发现，县域农村普通高中在科技类选修课程建设方面具备乡土文化、场地空间、自然环境、教学氛围等独特优势，在利用乡土资源进行科技教育方面积极探索，取得明显进步，但科技类选修课程建设仍面临困境。下一步，将从加强政策引导和校级规划统筹、促进课程资源合作开发、探索学生发展追踪评估、完善教师激励机制等方面入手，促进科技类拔尖创新人才早期培育。

关键词： 选修课程　拔尖创新人才　普通高中

党的二十大报告提出了教育、科技、人才"三位一体"布局的战略要求。2023 年 5 月，《教育部关于加强中小学地方课程和校本课程建设与管理的意见》（以下简称《意见》）印发，明确提出"构建以国家课程为主体、

---

* 金文旺，北京大学管理学博士，教育部课程教材研究所副研究员，主要研究方向为教育政策与管理、课程与教学。

地方课程和校本课程为重要拓展和有益补充的基础教育课程体系"。中小学校本课程是国家课程方案规定开设的课程，是基础教育课程体系的重要组成部分，在满足学生个性化发展需求、促进学生全面发展等方面起到重要作用。作为国家课程的重要拓展和有益补充，普通高中选修课程（即校本课程）是科技类拔尖创新人才早期培育的重要载体。为更好服务国家科技自立自强和拔尖创新人才培养战略，本报告聚焦普通高中科技类选修课程建设，以北京、上海等一线城市和江西、陕西等地的县域农村的普通高中为例，呈现普通高中科技类选修课程建设现状，分析存在的问题，提出对策建议，以期为科技类拔尖创新人才早期培育提供有益借鉴和参考。

一 一线城市普通高中科技类选修课程建设研究

为探究一线城市普通高中科技类选修课程的开设与实施现状及问题，项目组赴北京、上海等地 10 余所普通高中开展了科技类选修课程建设专题调研。此次调研主要从选修课程规划、课程设置与开发、教材来源与使用、教学方式与组织形式、课程效果评价、学生选课与指导、师资保障 7 个方面设计座谈提纲，旨在掌握一线城市普通高中科技类选修课程建设的相关情况，为强化科技类拔尖创新人才早期培育提供研究支撑和科学参考。

（一）一线城市普通高中科技类选修课程的开设与实施现状

在规划方面，编制选修课程规划已成为普通高中科技类选修课程建设的共识。受访学校均有科技类选修课程实施方案，提供了丰富多样的科技类选修课程。同时，多数学校初步建立了科技类选修课程申报、审核、评估、奖励以及选课指导、学分管理等配套制度。

在课程方面，受访学校普遍能够分层设计科技类选修课程，分别面向全体学生、部分学生、个别学生开设基础普惠类、领域拓展类、创新提升类课程，强调通识体验与特需发展并重、普及与提高相结合，重视满足不同层次学生的个性化学习需求。学校科技类选修课程硬件设施建设成效显著，专用教室、创新实验室、创客空间、校外实践基地等配套设施的支撑保障作用越来越强。

在教材方面，当前科技类选修课程多用教师自编的学案、课例、讲义等教学材料，不再编写出版教材。

在教学方面，学校能够根据选修人数、课程特色、课程资源等选择合适的教学方式和组织形式，走班教学和小班教学是科技类选修课程的主流教学模式，课堂呈现教师讲授和学生探究相结合的特点，课堂外的实地体验和社会实践也较为普遍。

在评价方面，科技类选修课程采用纸笔考试、小组展示、专家评议、研究报告、学术论文等多元评价方式。过程性评价愈加受到重视，受访学校均在探索根据学生在学习过程中的态度和表现确定相应成绩、学分的做法。学生综合素质评价档案陆续建立，"做中学、创中学"理念有所体现。

在学生方面，大部分学生可以根据兴趣、能力和特长自愿选择科技类选修课程，相对而言，拔尖学生选修积极性更强、课堂参与度更高。重点高中普遍通过自主招生、专项选拔等方式进一步筛选拔尖学生，大多数学科竞赛类、科技创新类选修课程会综合运用笔试、面试等办法遴选选课学生，择优录取。

在教师方面，受访学校科技类选修课程的教师数量都较为充足，教师专业素养较高、改革意识较强。本校教师是科技类选修课程的师资主体，受访学校大多建立了较为完备的教师职前培训、专业研修等机制。为提升拔尖学生培育质量，不少学校都会聘请高校学科专家为高水平竞赛学生做针对性指导。

（二）一线城市普通高中科技类选修课程建设的典型经验

一是积极规划选修课程。受访学校均能做到依据国家课程方案、基于办学理念和本校特色、以学生为中心积极规划科技类选修课程。部分学校还以学科竞赛和科创类课程为重，为资优学生制定专门的科技类选修课程实施方案。

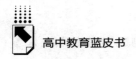

二是分层分类开设课程。分层分类开设科技类选修课程已成为受访高中的共同行动，"因能分层、因志分类、因趣分群"成为共同理念，通过扩大课程供给满足学生个性化发展需要，促进学生能、志、趣协同发展。具体而言，第一层课程面向全体，满足全体学生全面发展需求，课程类别最为丰富，体现了全体性和综合性，一般要求全校必选；第二层课程面向群体，满足部分学生兴趣和志向发展需求，多为领域才能个性发展类课程，体现了多样性和选择性，一般要求全校任选；第三层课程面向少数，满足少数学生优势发展需求，多为特殊拔尖挑战提升类课程，体现了选拔性和差异性，一般要求全校遴选。第三层课程尤其注重课程统筹和整合实施，充分关注学生志趣培养，打破单一学科限制，有机打通必修、选择性必修和选修课程内容以及初中、高中学习内容，实现拔尖学生贯通培养。

三是灵活组织教学材料。尽管选修课程不再依赖教材，但教师可以根据教与学需要灵活组织教学材料，并能融合国家审定教材有关内容。有的学校的科技类选修课程注重对单元教学材料的集体教研和定期更新，既累积和传承以往经验，又不断创新。多数学校重视信息技术在多样态教学资源开发中的作用并积极探索。

四是勇于推进教学改革。受访学校普遍强调分层教学，科技类选修课程大多制定了不同水平的教学目标，实际教学过程体现了由具体到一般的层层深入，强调学科的交叉融合以及知识的延伸与迁移。小班教学模式下，师生充分互动，项目式、合作式、探究式等学习方式均有不同程度的运用。

五是多元探索课程评价。除传统纸笔测试外，科技类选修课程还有实践任务考试、综合考试、开放式考试等。多数学校能够针对不同课程特点，探索过程性评价、终结性评价、表现性评价相结合的评价模式，广泛收集学生课堂关键表现、典型作业和阶段性测试等数据，记入学生成长档案。对于具备学科特长和创新潜质的学生，有的地方注重从区域层面组织形式多样的学生素养评价活动，如上海在传统数学竞赛之外探索开展学术展示评价活动。

六是细化学生发展指导。有的学校专门开展高一开学预备期教育（为期至少3天），旨在增进学生对课程的认知，指导学生基于兴趣和能力选修校本课程。有的学校将科技类选修课程建设与学生生涯规划指导有机结合，选修课程类别对应大学专业大类，引导学生思考"成为什么样的人""学习什么专业""到哪里学习""如何选课"等问题，有针对性地加强学生发展指导。

七是重视师资队伍建设。受访学校大多足额、高质量配备了科技类选修课程师资队伍，部分学校能够有意识地给予选修课教师自主探索空间。北京、上海配备了专职校本课程教研员，通过组织教师工作坊等活动，加强一线教师交流互鉴和优秀选修课程成果推广应用。有的学校通过集体教研、不同学科轮岗等方式，强化跨学科教师培养。

（三）一线城市普通高中科技类选修课程建设的突出问题

一是选修课程规划功利性导向较强，整体统筹不够。科技类选修课程的功能定位尚存较强的应试功利性，不少教师主张"通过校本课程方式缓解国家课程重点难点课时不够的问题"，学科培优或应试拓展类课程占据较高比重，尤其是拔尖学生培育类选修课程趋从高校"强基计划"、综合评价等招生项目的选拔方向和要求。不同学科的选修课程在实施过程中遇到各种各样的问题，有些问题单个学科难以解决，但学校层面缺少对选修课程运行机制的统筹。

二是选修课程开设空间受到挤压，合作开发不足。不少受访教师反映国家课程新教材难度有所提高，压缩了科技类选修课程空间，部分学科课程在内容和难度等方面的衔接不够。科技类选修课程大部分由本校教师自主开发，校内教师的合作仍不够，对校外空间和资源的利用仍不足。从科技类选修课程的开设年级来看，高三普遍很少，部分学校甚至只在高一开设。

三是校本教学材料审核机制不全，教材内容偏多。教师自编校本教学材料已成为主流，但校本教学材料的审议、审核机制有待完善。同时，国家课程新教材内容偏多偏难限制了教师和学生的自主空间，受访教师多反映难以腾出时间提高科技类选修课程质量。

四是教学方式偏重教师讲授，核心素养有待转化。当前，科技类选修课

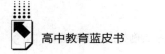

程的教学方式仍然偏重教师讲授，讲授式教学在强化素养导向方面尚存较大提升空间，知识性学习如何有效转化为学生在真实情景中的素养表现仍面临较大挑战。科技类选修课程采用多样化教学方式，对课时安排提出了更高要求，需要学校层面加强统筹设计。

五是课程评价趋从高校选拔，评价效果有限。小部分拔尖学生培育类选修课程的评价应试导向依然明显，学校会趋从高校的生源选拔机制。对于大部分学生基础普惠类、领域拓展类选修课程的评价，多数学校表示课程评价结果与高考升学没有直接关系，即评价效果有限，在一定程度上降低了师生积极性。

六是选课学生遴选标准单一，缺少长期跟踪评估。学校会对拔尖学生培育类选修课程的预选学生进行严格的校内遴选，其选拔标准强调学科特长和成绩表现，智力水平被视为最重要的筛选指标。而对于选修该类课程学生的毕业去向，追踪统计却不够细致，科技类选修课程对拔尖学生发展的长期影响缺少必要的跟踪评估。

七是一线教师自主空间较少，考核评价牵引不强。受访一线教师多反映负担较重，需要更多课时空间和课后空间用以支撑科技类拔尖创新人才早期培育和教师专业发展。受限于以高考成绩为重的考核评价机制，部分教师参与科技类选修课程建设的积极性不高。

（四）加强城市普通高中选修课程建设、促进科技类拔尖创新人才早期培育的对策建议

为加快完善支撑教育强国、科技强国、人才强国建设的基础教育课程体系，以普通高中科技类选修课程建设促进科技类拔尖创新人才早期培育，针对上述突出问题，提出如下对策建议。

在规划方面，避免应试训练，加强校级统筹。普通高中科技类选修课程应注重拓展学习领域、丰富学习样态，避免开设应试训练类课程。学校要加强对科技类选修课程的校级统筹，优化课程组织管理架构，创新课程组织管理方式，完善课程实施机制。学校党组织要加强领导决策，推动管理、教

学、教研、后勤等部门通力协作，共同保障科技类选修课程编制、实施和评价的成效。

在课程方面，赋予选修空间，鼓励引导合作。建议国家课程方案修订时赋予选修课程更多发展空间，适当调整容量和难度，促进学段衔接，进一步凸显"反应试"导向，鼓励跨学科开设选修课程，以更加适应科技类拔尖创新人才早期培育的需要。学校应鼓励并引导校内教师合作开发科技类选修课程，尤其是跨学科合作，形成结构多元、相对稳定的选修课程开发共同体；同时鼓励并引导本校教师与其他学校、科研院所、企事业单位等联合开发科技类选修课程，共建共享优质课程资源。

在教材方面，适当精简容量，健全审核机制。建议国家课程教材修订时进一步精简容量、适当降低难度，使科技类教材内容更经典准确、时代特征更鲜明突出，在减轻学生负担的同时，赋予选修课程更多建设空间。学校应建立健全审核机制，加强对选修课程教学材料的监管，重点关注学生学习相应课程时使用的教学材料、课外读物、资源包、活页等。

在教学方面，深化教学改革，促进素养提升。建议各地和各学校以科技类选修课程为突破口，充分发挥走班教学、小班教学的优势，深化普通高中教学改革，进一步推广启发式、互动式、探究式教学，引导学生主动思考、积极提问、自主探究。构建数字化背景下的新型教学模式，促进教学更好地适应知识创新、素养提升等新要求，以科技类选修课程的多样化促进学生创新思维、社会责任感、团队合作能力等核心素养的提升。

在评价方面，注重过程评价，增强评价效力。建议国家课程方案明确将选修课程的修习情况作为学生综合素质档案的重要内容，以核心素养发展水平为重点评价学生学习效果，增强科技类选修课程评价结果的使用效力。学校可基于办学理念和资源优势，开发具有校本特色的学生综合素质评价模式，真实记录学生成长表现，注重过程性评价，积累实践经验，加大宣传力度，主动吸引高校关注。

在学生方面，注重培育志趣，探索追踪评估。建议学校在筛选科技类选修课程生源时，重视学科特长和学业成绩之外的兴趣表现和非认知能力，加

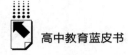

强过程性考核。推广开学预备期教育等做法，切实增强学生理性选课能力，在学业辅导的基础上，强化生涯指导、心理疏导、价值引导，培育学生志趣。探索建立追踪评估机制，追踪校本课程选修学生的毕业去向、专业选择，全面评价高中科技类选修课程对学生发展的影响。

在教师方面，加强培训研修，完善激励机制。建议各地逐步配齐建强省、市、区级选修课程教研员队伍，探索建立教师专项研修和优秀成果推广应用机制。学校可结合实际，以科技类选修课程为重点，从课时、经费等层面给予教师更多自主空间，完善教师工作量核定办法；改进教师考核和奖惩机制，充分调动教师参与科技类选修课程建设的积极性和创造性；加强科技类选修课教师培训与研修，着力提高教师跨学科教学能力，夯实教师专业发展保障。

二　县域农村普通高中科技类选修课程建设研究

《意见》的出台，使得校本课程（选修课程）在新一轮课程改革中迎来了更大的发展空间，但由于当前我国校本课程发展在区域之间、学校之间都很不平衡①，尽管县域农村拥有蕴含高育人价值的乡土资源，但在教育经费、师资数量等教育教学条件本就受限的情形下，县域农村普通高中科技类选修课程建设面临更多挑战。项目组赴江西、陕西等地，考察县域农村利用乡土资源进行科技类选修课程建设的现状与问题，旨在提高学校利用乡土资源进行科技类选修课程建设的能力，促进学校课程教学更好满足学生多样化发展需要，更好落实立德树人根本任务，为乡村振兴注入教育力量。

（一）县域农村普通高中利用乡土资源建设科技类选修课程的独特优势

在乡村教育"泛城市化"趋势下，县域农村普通高中应紧密结合社会

---

①　吴刚平等：《校本课程开发20年》，《全球教育展望》2021年第12期，第3~18页。

实际，开发不同于城市学校的科技类选修课程建设模式，并开发能够满足学生生活和发展需求①、充分发挥乡土优势的科技类选修课程。经过此轮调研，项目组切身体会到，在科技类选修课程建设方面，县域农村普通高中具备乡土文化、场地空间、自然环境、教学氛围等独特优势。②

一是乡土文化优势。县域农村拥有革命遗址、民间技艺、特色民俗、传统村落、农业技术等方面的乡土文化资源，涵盖社会主义先进文化、革命文化、中华优秀传统文化等领域。这些形式多样的乡土文化资源对中小学生而言往往富有吸引力、感染力，可以被充分挖掘并实现教育转化，成为可利用的科技类选修课程资源。基于乡土文化优势，可以开发丰富多彩的科技类选修课程，促进学校教育教学目标与学生成长成才需求的融合，引导学生认识家乡、热爱家乡，涵养家国情怀。基于调研发现，近年来，县域农村普通高中在利用乡土文化资源进行科技类选修课程建设方面已有不少积极探索，各类主题的科技类教学实践活动组织频率不断提高、形式愈加多元。

二是场地空间优势。县域农村具备土地资源和劳动资源丰富的天然优势。县域农村校园内多有宽阔的操场、原生态的食堂，校园外还有广袤的田野山林、绵延的江河湖海、多样的菜地果园……这些空间为学生提供了真实、多元的学习情境，也为科技类选修课程与生产劳动、社会实践相结合提供了扎实的场地保障。近年来，在政府支持、各方参与下，县域农村的科技文化硬件设施建设显著加强，各级各类科技教育基地、综合实践基地、村民文化中心等陆续对外开放，为县域农村普通高中利用乡土资源进行科技类选修课程建设提供了有力支撑。

三是自然环境优势。县域农村学生普遍距离大自然较近，学校大多坐落于大自然里。县域农村普通高中具有建设开放型科技类选修课程的独特优势，让学生走出课堂、走出校园、走向自然，有利于保护、释放学生的天

---

① 林玲：《农村校本课程的开发路径》，《河北师范大学学报》（教育科学版）2018 年第 1 期，第 97~101 页。

② 金文旺：《农村中小学要充分利用乡土资源做好校本课程建设》，《人民教育》2023 年第 11 期，第 28~30 页。

性，也便于将科技教育内容与学生经验、生活环境联系起来，避免所学知识与生活经验脱节。贴近自然的科技文化类主题教学实践活动让学生多感官参与、多维度体验，易于引发学生的情感共鸣，增强学生的理解与认同。

四是教学氛围优势。一般而言，城市人口集聚，教育竞争激烈，学生、家长、教师的校内外教育负担相对较重，"内卷"现象较为突出；县域农村人口相对分散，学生负担相对较轻，教师教学压力相对较小，教学氛围比较宽松。在应试压力下，宽松的教学氛围为科技类选修课程的开发和实施提供了优越条件。同时，相较于城市普通高中，县域农村普通高中亟须开设选修课程来满足学生多样化、个性化的成长需求，乡土科技类选修课程的育人效果往往更为显著。

（二）县域农村普通高中利用乡土资源进行科技教育的积极探索

近年来，在落实立德树人根本任务和实现高水平科技自立自强等国家战略的指引下，科技类选修课程成为学校与教师特别关注的一类课程，但在县域农村，此类选修课程的开发还在探索阶段。基于调研资料发现，此次受访的县域农村普通高中依然难以正式开设科技类选修课程，但在科技教育方面，相比以往已有明显改观。学校不仅从认识上开始重视科技教育，从实践层面组织的科技文化类主题教学实践活动也多了起来，其进步主要表现在以下三个方面。

一是逐渐长效化。十几年前，受访学校只在个别时间点偶尔组织科技文化类课外实践活动。如今，这些学校经常组织以本土文化资源为代表的科技文化类主题教学实践活动，采取的形式也越来越多样，有的学校还将相关活动纳入了常规教学计划。丰富多彩的科技文化类主题教学实践活动，在潜移默化中加深了学生对传统科技文化与现代科技创新的理解，有利于提升科技教育质量。

二是自觉乡土化。近年来，在地方政府和社会各界的支持下，县域农村的科技文化硬件设施建设不断强化，各类社会实践基地陆续对外开放。学校也通过校友捐赠、自筹资金等方式持续加强科技文化硬件设施建设。科技文化硬件设施建设对当地学校利用乡土资源组织科技文化类主题教学实践活动起到明显的支撑和带动作用，教师的乡土意识也得到强化。

三是努力协同化。受访学校和教师普遍都有过将科技文化教育活动和道德与法治、语文、历史等课程协同实施、与学校德育主题活动整合的积极尝试，并能有意识地以多样化、趣味性强的活动串联有关学习内容，融入学生现实生活，初步形成了一定的育人合力。近年来，随着我国基础教育课程教学改革的深入推进，县域农村普通高中教师获得了更多的专业培训机会，专业能力得到了提升，课程实施的协同化水平也在逐步提升。

从江西、陕西等地的实践来看，当前县域农村普通高中已就如何利用乡土资源开展科技教育进行了积极探索，并且取得了可喜进步。然而调研也发现，这些科技文化类主题教学实践活动还不够系统，碎片化特征较为明显，缺乏内涵设计和稳定载体，学生的认知往往停留在表面，难以形成立体、深刻的认识。同时，科技文化硬件设施也未能充分转化为选修课程资源，由于"顾虑学生安全""担心家长不理解""老师忙不过来"等种种原因，当地学校组织学生利用这些资源的频率还比较低。可见，尽管当前县域农村普通高中在利用乡土资源进行科技教育方面已有明显进步，但在科技类选修课程建设方面仍面临困境。

（三）县域农村普通高中科技类选修课程建设面临困境的原因

一是地方教育行政部门政策引导不够。调研中发现，地方教育行政部门对县域农村普通高中科技类选修课程建设主要秉持鼓励态度，暂未有明确的政策要求，也较少参与其中。部分校长和教师反映："上级没有相关纲要，没有理念、流程的指导，下边老师很难弄，做出来的东西也不成熟。"此外，在现行学校管理和教学质量评估政策的导向下，县域农村普通高中校长一方面要处理行政事务，另一方面要将有限的时间精力和教学资源用于提高学生考试成绩，大多无暇顾及科技类选修课程建设，科技类选修课程的生存空间备受挤压。有受访教师表示："校长的态度很大程度决定了科任老师的态度，上面用心了，下面也会有活力和动力。"

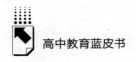

二是县域农村教师选修课程意识、课程开发技能不强。当前，县域农村普通高中以语文、数学等传统主课为重的理念还较为盛行，很多学校的选修课程"尚且停留在嘴上"。科技教育仅能在部分教学实践活动中得到几次集中体现，没有稳定的课程载体，也未实现常态化开展。对于开设专门的科技类选修课程，不少教师"觉得没必要，干的也没劲"。科技类选修课程建设虽有一定乡土资源基础，但缺少实际行动和成果，一个重要原因是在此方面有想法的教师较少，有教师认为"即便有想法也可能不受重视"。调研同时发现，县域农村教师的选修课程开发技能较为薄弱，随意性强、专业性弱，类似"给学生放网上的现成视频"的教学方式被不少教师视为科技类选修课程的理想模式。科技类选修课程的开发与实施迫切需要专家指导和专业支撑。

三是乡土课程资源开发不足。尽管县域农村乡土资源丰富，但区域性科技文化资源未能充分实现教育转化，导致可利用的课程资源较为匮乏。因为鲜有对学校所在地域传统科技文化的系统梳理和整合，教师向学生讲解或带学生实践时甚至只能从网上临时查阅资料，"查来查去都是原东西"，碎片化的知识难以在课程中有效整合。正如有学者指出的，乡村学校校本课程开发中的资源整合面临课程开发意识、知识、能力、物资等多个维度的困境。①

（四）加强县域农村普通高中基于乡土资源的科技类选修课程建设的对策建议

面向未来，县域农村普通高中亟须获得更多支持和指导，充分利用乡土资源加强科技类选修课程建设，不断提升科技教育质量，培育更多有理想、有本领、有担当的时代新人，助力乡村振兴和高质量发展。

一是加强政策引导。省级教育行政部门应依据国家课程方案和《意见》对中小学校本课程建设与管理提出的新要求，统筹国家课程、地方课程和校

---

① 杨小微、夏海萍：《共创与融通：中小学校本课程开发的新路向》，《上海教育科研》2022年第8期，第5~11页。

本课程建设，准确把握三类课程关系，加快研制出台县域农村普通高中科技类选修课程建设指导意见，明确科技类选修课程建设基本要求；市、县两级教育行政部门应落实国家和省级有关规定，切实履行监管责任，加强县域农村普通高中科技类选修课程建设具体指导。有关部门还应推动学校管理和教学质量评价改革落到实处，引导和支持县域农村普通高中校长革新教育理念，强化科技类选修课程建设，创新实施科技教育。

二是制定科技类选修课程规划。县域农村普通高中要积极争取主管教育行政部门和专业机构的支持和指导，依据国家课程方案和省级课程实施办法，立足学校育人目标和办学理念，结合学生多样的成长需求，充分挖掘本校在乡土文化、场地空间、自然环境、教学氛围等方面的独特优势，因地制宜制定科技类选修课程规划[①]，合理确定科技类选修课程建设的方向、主题、形态和实施要求，赋予教师更大的自主空间，以乡土化、个性化的课程规划引导和带动科技类选修课程建设，形成三类课程育人合力。县域农村普通高中校长应革新教育评价理念，提高课程领导力，大胆利用自主办学空间和乡土优势资源，积极探索和总结科技类选修课程规划与实施的经验。

三是强化师资队伍建设。科技类选修课程的师资力量不应局限于学校内部，可探索在现有教师队伍的基础上，建设一支科技类选修课程师资团队（可视条件包含 1~2 位专任教师），牵头负责基于乡土资源的科技类选修课程开发和教学实施工作，打破学校、年级和班级的限制，以开展专题讲座等形式定期、轮流为辖区内学校提供学生授课和教师培训服务。[②] 学校还可根据实际需要和有关规定，聘请传统技艺传人、民间艺人、文化能人、家长、社会专业人士等校外人员承担科技类选修课程的补充开发与教学工作，合力探索县域农村普通高中科技类选修课程建构策略。[③] 要加大经费投入力度，

---

① 崔允漷等：《校本课程规划：短板何在——基于 Z 市初中校本课程规划方案的分析》，《教育研究》2016 年第 10 期，第 87~94 页。

② 金文旺：《农村中小学要充分利用乡土资源做好校本课程建设》，《人民教育》2023 年第 11 期，第 28~30 页。

③ 林玲：《农村校本课程的开发路径》，《河北师范大学学报》（教育科学版）2018 年第 1 期，第 97~101 页。

开展科技类选修课程教师专题培训，从知识、能力、情感等层面强化科技类选修课程开发能力，不断培育壮大师资队伍，逐步实现科技类选修课程的系统化设计和常态化实施。

四是大力开发课程资源。可充分发挥县域农村退休教师余热，加大力度组织"有空闲时间、有专业基础、有乡土情感"的退休教师专门从事乡土课程资源开发工作，聚焦乡土特色，收集精选资料，编纂成文成册，加快乡土资源的教育转化，实现科技类选修课程资源的系统化整合。① 设立科技类选修课程资源开发专项扶持计划，激发教师、专业机构、社会人士等的积极性和创造性。鼓励探索新技术背景下适用于县域农村学生的学习环境与方式变革，创新课程资源呈现方式，注重开发和运用数字化课程资源，以符合学生学习需求的方式融入课堂②，支撑乡土科技类选修课程有效实施。鼓励道德与法治、语文、历史等任课教师牵头，将科技类选修课程和道德与法治、语文、历史等课程相结合，共建共享课程资源，并探索与课后服务、其他教育教学活动整合实施的途径，创新课程实施方式，帮助学生树立文化自信，促进农村学生全面发展。

五是建立健全制度机制。加快建立城乡学校科技类选修课程建设结对互助机制，引导办学实力雄厚、课程建设经验丰富的城市学校对乡土资源优势突出或有积极开发科技类选修课程意愿的县域学校进行互助帮扶和蹲点指导③，推进优质课程资源共建共享，进而整体提高县域农村普通高中科技类选修课程建设水平。探索建立科技类选修课程教研和激励制度，基于教师志趣组建科技类选修课程研发与实施共同体，聚焦重点难点问题，组织开展常态化教研活动，加强专业"切磋"与合作交流，共同提升教师的科技类选修课程开发与实施技能；实行科技类选修课程开发考核奖励制度，将科技类

---

① 金文旺：《农村中小学要充分利用乡土资源做好校本课程建设》，《人民教育》2023 年第 11 期，第 28~30 页。

② 欧兴德：《西部农村儿童线描画特色校本课程开发与实施——以重庆市北碚区复兴小学为例》，《教育学术月刊》2020 年第 5 期，第 104~111 页。

③ 骆永杰、唐建平：《农村地区校本课程推进的区域实践》，《基础教育课程》2019 年第 9 期，第 24~28 页。

选修课程开发与教研成果纳入教师业绩考核，并在职称评审、评优评先中予以考虑，充分调动教师积极性。县域农村普通高中应在学校党组织统一领导下，推动管理、教学、教研、后勤等部门通力协作，切实履行科技类选修课程管理职责，严把政治关和科学关，保障科技类选修课程质量。

Abstract

National governments and education administrations give high priority to student development. Career planning education is an important link between students' school life and social life, and career planning for high school students can help improve their ability to adapt to the development of modern society. Under the background of the new era, Chinese high school education is facing new situations and challenges, and it has become the need of the age to actively promote career education in high school. In the current social context and the practice of China's education reform, career planning education has a more urgent practical demand.

Taking into account the overall perspective and long-term vision, the General Report of this book summarizes the characteristics of the development of career planning for Chinese high school students in the context of the new era, and looks forward to the development of high school students' career planning education in China. Based on the overview of high school students' career planning and career education, the Special Topics of this book explores the implementation path of career education in high schools from the perspective of strategic management and builds a strategic management analysis framework of "strategic planning-strategic implementation-strategic evaluation", which provides a theoretical basis for the implementation of career education in high schools. Nationwide-based data analysis is an important means of identifying relevant issues and predicting development trends. The data for the Data Section of this book is based on a questionnaire survey conducted by the Big Data Laboratory of High School Education at the College of Education, Peking University, in conjunction with the High School Education Committee of the China Society for Educational Development Strategies, across the whole country's high school students and their parents. Based on scientific and reliable data, this book firstly conducts empirical analysis from three aspects of high school students' time use, interpersonal interaction and economic pressure, and secondly investigates for parents of high school students, parents' involvement in career planning of high school students, characteristic performance, planning content, etc., which accumulates quantitative data for the study of high school students' career planning. The Case Studies of this book are selected from the classic studies of front-line educators from schools in many regions of China and practitioners from various types of high-quality educational organizations, covering key issues and practical focuses in the field of career planning research, taking into account the issues of personalized and numerical education reform, and thus providing comprehensive and detailed references for career education in high schools.

Based on a combination of quantitative research and case and theoretical studies, the main findings of this book are as follows. First, there is a general shortage of high school students' ability to plan their careers, and there is a difference between urban and rural areas. Second, the construction of career planning courses needs to be improved, and there are not enough teachers for high school students' career planning. Third, high school students' learning activities mainly take place in school, and teachers spend much more time on lectures than on self-study. Self-study has being the main focus of learning outside school. High school students maintain a high intensity learning pace from Monday to Saturday, slowing down on Sundays, and high school students mainly use their free time for peer communication, with less communication with teachers and parents. Fourth, with regard to the status and characteristics of parents' participation in students' career planning, parents' participation in their children's career planning started late, with different focuses on understanding the information, and parent-child interactions have promoted career planning; the pressure to advance to higher education pushed parents to carry out career planning, with regional differences in focus, and the school's career planning education still needs to be upgraded and strengthened. Fifth, in terms of academic planning, parents believe that students have a higher degree of freedom in choosing subjects, but the results still show the

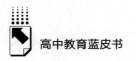

institutional inertia of the "arts and science" system, and the scope of future professional volunteers among the influencing factors of subject selection is of great concern. Parents have a certain degree of understanding of different ways of further education paths, and reflect stronger expectations for further education when they learn about previous year's batch scores of their provinces. The main suggestion of this book are as follows. First, parents should set up a sense of career planning as early as possible, expand their knowledge of the paths to higher education, fully understand more choices of higher education and the latest policies, and encourage students to choose their own paths of development in accordance with their own characteristics, at the same time, parents should keep an open mind on their students' future choices of majors and types of careers, and actively communicate with parents and children, so as to carry out planning and advising on their students' choices of majors and types of careers, based on their understanding of their students' interests and abilities. Second, educational administrations should improve the career education strategy implementation system, including organization, system, target and resource, as a means of guaranteeing the development of career education, and improving the mechanisms for planning and evaluation, process evaluation and result evaluation.

Keywords: High School Education; Ordinary High School; High School Career Planning; Subjects Selection; Further Education Path

Contents

I General Report

Abstract: High school students' career planning is a necessary means to help high school students better adapt to modern society and personal development. Under the background of the new era, the career planning and development of ordinary high schools in China is facing new situations and challenges. It has become the need of the times to actively promote career planning education in high school. The career planning situation in surveyed schools still requires significant improvement, with city schools outperforming suburban ones. The regulation of off-campus services for high school career planning is also in need of enhancement. Key challenges in career planning development in the new era include a general lack of career planning skills and regional disparities, inadequate career planning course construction, and a shortage of career planning teachers. To address these issues, future research should focus on developing national guidelines for career planning education, establishing a career planning guidance system involving schools, families, and society, and promoting the development of career planning guidance systems utilizing digital technology.

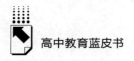
Keywords: High School Students' Career Planning; Academic Planning; Career Planning; Comprehensive Reform of College Entrance Examination

II   Special Topics

B.2   Research on the Implementation Path of Career Education
in General High School from the Perspective of
Strategic Management   *Xue Haiping, Yang Liwei* / 035

Abstract: Under the New College Entrance Examination and New Curriculum, career education has become an important demand for High School students. How to effectively implement career education is a huge challenge facing Chinese General High Schools. Constructing a career education strategic management analysis framework of "strategic planning-strategic implementation-strategic evaluation" can provide a reference basis for General High Schools to implement career education. Formulating a planning scheme that includes mission objectives, strategic analysis, and strategic selection is the basic requirement for the development of career education. Perfecting the implementation system that includes management institutions, management systems, target management, and resource management is the safeguard for the development of career education. Improving the mechanisms of planning evaluation, process evaluation, and result evaluation is the optimization method for the development of career education.

Keywords: General High School; Career Education; Strategic Management

B . 3   Research on the Trend Changes in the Selection of Majors
by Students Filling out Volunteer Forms in Different
Provinces under the New College Entrance Examination

Li Fang, He Gen, Cheng Ya and Guan Yewei / 051

Abstract: Since 2014, 29 provinces in China have successively implemented a New College Entrance Examination system, which includes reforming the requirements for restricted subjects and changing the structure of volunteer forms, with the aim of increasing students' freedom of choice and the match between majors and students. This study explores the trends in major selection by students filling out volunteer forms under the New College Entrance Examination system. Through the analysis of the data from students in Zhejiang, Shandong, and Hebei provinces, the study found that after the implementation of the New College Entrance Examination, there has been a significant change in the popularity of major selection among candidates, shifting from economic management to science and engineering. In addition, the popularity of law majors varies across different regions, reflecting the impact of regional economic development and the job market. The study indicates that there are multiple factors influencing students' major selection, including personal interests, family background, job prospects of the major. Finally, the study puts forward suggestions for career planning for High School students, including strengthening career planning awareness, paying attention to the development prospects of majors, and improving the connection between general High School and college education.

Keywords: New College Entrance Examination Reform; Volunteer Application; Major Selection

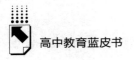
高中教育蓝皮书

Ⅲ　Research Sections

B.4　General High School Career Survey Report Based from

the Perspective of Students

Wang Yansong, Zhang Yuhao and Xu Yanan / 082

Abstract: In the context of the New College Entrance Examination, general High School career planning not only helps students rationally choose their elective subjects and college entrance examination preferences, but also helps students scientifically plan their future career development, thereby enhancing students' satisfaction with their major admission and their sense of meaning in life. This part of the report characterizes the portrait of High School students' career planning from four aspects: General High School support for career planning, students' preparation for career planning, students' academic planning for college, and students' future career planning. The report shows that: the career planning education in general High Schools in our country is being strengthened year by year, with diverse forms and rich content; the start time for High School students' career planning is relatively reasonable and the forms of preparation are diverse; students have a relatively rational expectation for the level of institutions they attend, have a certain awareness of major selection, and place more emphasis on employment and interests in major selection, and pay more attention to the teaching ability and experience of college teachers; students' career choices tend to be engaged in education, computer science, medicine, finance, management and other industries, but have less interest in fields such as history and agronomy. The report finds that career planning education for senior High School students needs to be further strengthened; it is necessary to pay attention to some students who are in a state of confusion and have not yet started career planning; there is still a lot of room for improvement in students' clear major selection, and the awareness of subject selection based on major selection also needs to be further strengthened; in addition, students' career planning preparation work also needs to be further improved.

Keywords: Career Planning Education; Career Planning; Academic Planning

B.5   General High School Career Planning Survey Report under the New College Entrance Examination Background from the Perspective of Students Parents

Chen Qiran, Shi Tianle, Liu Jiansheng and Wen Xinqiao / 105

Abstract: Career planning for students is crucial for personal growth and future success. Parents play an important role in career planning. To fully and accurately understand the current situation and characteristics of parents' involvement in High School students' career planning, as well as parents' academic and career planning for High School students, the research group of the General High School Education Big Data Laboratory of the Education College at Peking University conducted a questionnaire survey of High School students' parents nationwide. The survey found that: In terms of the current situation and characteristics of parents' involvement in students' career planning, parents start late in their children's career planning, focus on different information, and parent-child interaction promotes career planning; the pressure of academic advancement forces parents to engage in career planning, with regional differences in focus, and school career education still needs to be improved and strengthened. In response to the above findings, this study proposes the following suggestions: (1) Parents should sort out their career planning awareness as early as possible; the information retrieval carried out for career planning should be as comprehensive as possible; (2) Parents should expand their cognition of academic advancement paths, fully understand more kinds of academic advancement choices and the latest policies, encourage students to choose development paths in line with their own characteristics, and not be limited to the academic advancement choices of famous schools; (3) Parents should maintain an open attitude towards students' future

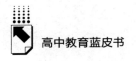

professional choices and the types of professions they engage in, actively communicate with their children, and carry out planning and suggestions for their professional choices and types of professions based on understanding their children's interests and abilities.

Keywords: New College Entrance Examination; Career Planning; Students' Parents; High School Education

Ⅳ Case Studies

B.6 Research on the Practical Pathways of Governance in
General High Schools Based on "Mutual Enhancement
of Teaching and Learning"
—*Exploration of Career Education Practice at Nanjing Normal
University Suzhou Experimental School*

Li Zhihua, Ye Ting and Zhou Yongjun / 130

Abstract: The General High School phase is a critical period for the growth and development of students. With the advancement of modern national governance, strengthening career education in General High Schools has become one of the components of the reform of the educational approach in General High Schools in the new era. At the same time, educational governance has also become an important aspect of modern national governance. Governance of General High Schools based on the principle of "teaching and learning mutually enhance each other" helps to stimulate students' intrinsic motivation to learn, contributes to the improvement of teachers' professional literacy, and aids in the formation of a positive campus culture. Nanjing Normal University Suzhou Experimental School, in its governance of General High Schools based on "teaching and learning mutually enhance each other," has cultivated comprehensive talents in demand in the era through practical experiences such as establishing a governance philosophy based on "teaching and learning mutually enhance each other," promoting the training of innovative top-notch talents, optimizing classroom teaching methods, implementing the "twelve-word" policy, promoting the steady improvement of teachers' literacy, and assisting in the comprehensive development of students' career planning and other overall qualities.

Keywords: Mutual Enhancement of Teaching and Learning; General High Schools; High School Governance

B . 7　How Personalized Teaching Affects Career Planning Education

　　—A Case Study of NetEase Youdao's General High School

　　Education Practice　　　　　　　　　*Li Nan, Hu Yuan /* 137

Abstract: Personalized teaching focuses on the individual differences and needs of students. It meets students' learning needs and promotes their comprehensive development and academic achievements by evaluating students, providing personalized learning plans and resources. Research has found that personalized teaching can enhance students' motivation to learn, self-learning ability, and innovative thinking, and cultivate their problem-solving and critical thinking skills. However, personalized teaching also faces challenges such as limitations in the application of technology, resource requirements, and teacher training. This report will take the practice of NetEase Youdao's General High School education as an example to explore the specific application and effectiveness of personalized teaching in academic planning. It will introduce methods such as academic level assessment, learning style identification, and interest surveys to understand students' individual characteristics and needs through these assessment tools. At the same time, we will also discuss the setting of learning objectives and the formulation of personalized learning plans, as well as how to promote students' academic planning and development through personalized teaching.

Keywords: Teaching Research; Academic Planning; Personalized Education

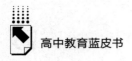

B.8   The Impact of the New College Entrance Examination

Reform on Students' Academic Planning

—*A Case Study of NetEase Youdao's Educational Services*

Jiang Yeguang / 146

Abstract: The new college entrance examination (Gaokao) reform is an important part of China's education system and has a profound impact on promoting educational innovation and improving the quality of education. Based on this, this report focuses on the impact of the new Gaokao reform on high school academic planning. First, the report introduces the process and core concepts of the new Gaokao reform. Second, the report summarizes the changes in the multiple evaluation methods brought about by the new Gaokao reform, revealing the new challenges faced by academic planning under the new Gaokao context. At the same time, starting from the perspective of educational enterprises, the report depicts the enterprises' exploration and practice of actively and effectively carrying out academic planning services under a systematic action framework. Finally, based on policy needs and practical issues, the report proposes that efforts should be made to provide students with more personalized high-quality academic planning services.

Keywords: New College Entrance Examination Reform; Academic Planning; Educational Services

B.9   Integrated Convergence, Leading the Way of plan for

Strengthening Basic Academic Disciplines: High School

Students' Academic and Career Planning Practicies

from a High School in Chengdu

Pan Jun, *Zhong Jian and Wei Yi* / 157

Abstract: To comprehensively build a socialist modernized country, education is the foundation, technology is the key, and talent is the root. To promote high-quality development of education, schools should innovate education methods and improve education quality. Since its establishment in 2019, the Chengdu Educational Science Research Institute Affiliated Middle School has been committed to building a pioneering and first-class modern public senior General High School in the province. Guided by the educational concept of "Great Wisdom," the school has developed distinctive features of "Integrated Convergence, Strengthening Foundations, and Leading the Way," actively responding to the educational development needs of the new era, emphasizing the comprehensive development and excellence in innovation of students. The school has established a "student-centered" educational curriculum system, relying on the "one core, two wings, three levels, and four categories" model to promote comprehensive and personalized student development. Chengdu Educational Science Research Institute Affiliated Middle School continuously innovates in educational teaching practice, contributing to the growth of students and the development of the country.

Keywords: Educational Innovation; Talent Cultivation; Strengthening Foundations and Leading the Way; Student-centered Education

B.10　Trusteeship Assistance, Promoting the Exploration and Practice of Career Education in County General High Schools

—*Taking the First Middle School of Qinglong Manchu Autonomous County in Hebei Province as an Example*

Xu Xuxuan / 166

Abstract: The new college entrance examination reform has moved the decision-making point of General High School career forward, highlighting the urgency of career education in General High Schools. To focus on the core tasks of

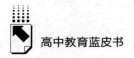

the reform of General High School curricula and the comprehensive reform of the college entrance examination, and to increase support for General High Schools in counties with weak educational foundations, the Ministry of Education launched the County Middle School Trusteeship Assistance Project in 2022. This paper, based on the necessity of career education in General High Schools, takes the example of the trusteeship assistance project of Qinglong No. 1 Middle School by Beijing Normal University, analyzes the measures and practices of the trusteeship assistance project in career education from multiple aspects such as mechanism establishment, resource coverage, team building, and regional radiation, and discusses the effectiveness of the trusteeship assistance project in promoting career education in county General High Schools. It helps to enrich the connotation of the trusteeship assistance project, enhance the pertinence of career education in General High Schools, and especially provide a basis for the exploration and practice of career education research in county General High Schools.

Keywords: High School Career Education; Beijing Normal University; Qinglong No. 1 Middle School

B. 11　Strengthen the Construction of Elective Courses in
　　　　General High Schools Promote the Early Cultivation
　　　　of Top-notch Innovative Talents in Science and
　　　　Technology　　　　　　　　　　*Jin Wenwang* / 179

Abstract: Elective courses in general General High Schools are an important carrier for the early cultivation of top-notch innovative talents in science and technology. Research conducted in first-tier cities such as Beijing and Shanghai has found that current construction of General High School science and technology elective courses has accumulated rich experience in aspects such as stratified and categorized course offerings, flexible organization of teaching materials, diverse exploration of course evaluation, and detailed student development guidance.

However, there are still issues such as insufficient overall coordination, lack of cooperative development, and weak evaluation guidance. Research conducted in rural areas of counties in places like Jiangxi and Shaanxi has found that rural General High Schools have unique advantages in elective course construction, such as local culture, space, natural environment, and teaching atmosphere. Current General High Schools are actively exploring the use of local resources for science and technology education and have made significant progress, but the construction of science and technology elective courses still faces difficulties. The next steps could involve strengthening policy guidance and school-level planning coordination, promoting cooperative development of course resources, exploring tracking and evaluation of student development, and improving teacher incentive mechanisms to facilitate the early nurturing of outstanding innovative talents in the field of science and technology.

Keywords: Elective Courses; Top-notch Innovative Talents; General High Schools

社会科学文献出版社

皮 书

智库成果出版与传播平台

❖ 皮书定义 ❖

皮书是对中国与世界发展状况和热点问题进行年度监测，以专业的角度、专家的视野和实证研究方法，针对某一领域或区域现状与发展态势展开分析和预测，具备前沿性、原创性、实证性、连续性、时效性等特点的公开出版物，由一系列权威研究报告组成。

❖ 皮书作者 ❖

皮书系列报告作者以国内外一流研究机构、知名高校等重点智库的研究人员为主，多为相关领域一流专家学者，他们的观点代表了当下学界对中国与世界的现实和未来最高水平的解读与分析。

❖ 皮书荣誉 ❖

皮书作为中国社会科学院基础理论研究与应用对策研究融合发展的代表性成果，不仅是哲学社会科学工作者服务中国特色社会主义现代化建设的重要成果，更是助力中国特色新型智库建设、构建中国特色哲学社会科学"三大体系"的重要平台。皮书系列先后被列入"十二五""十三五""十四五"时期国家重点出版物出版专项规划项目；自2013年起，重点皮书被列入中国社会科学院国家哲学社会科学创新工程项目。

皮书网

（网址：www.pishu.cn）

发布皮书研创资讯，传播皮书精彩内容
引领皮书出版潮流，打造皮书服务平台

栏目设置

◆ **关于皮书**

何谓皮书、皮书分类、皮书大事记、
皮书荣誉、皮书出版第一人、皮书编辑部

◆ **最新资讯**

通知公告、新闻动态、媒体聚焦、
网站专题、视频直播、下载专区

◆ **皮书研创**

皮书规范、皮书出版、
皮书研究、研创团队

◆ **皮书评奖评价**

指标体系、皮书评价、皮书评奖

所获荣誉

◆ 2008 年、2011 年、2014 年，皮书网均
在全国新闻出版业网站荣誉评选中获得
"最具商业价值网站"称号；
◆ 2012 年，获得"出版业网站百强"称号。

网库合一

2014年，皮书网与皮书数据库端口合
一，实现资源共享，搭建智库成果融合创
新平台。

皮书网

"皮书说"
微信公众号

权威报告·连续出版·独家资源

皮书数据库
ANNUAL REPORT(YEARBOOK)
DATABASE

分析解读当下中国发展变迁的高端智库平台

所获荣誉

- 2022年，入选技术赋能"新闻+"推荐案例
- 2020年，入选全国新闻出版深度融合发展创新案例
- 2019年，入选国家新闻出版署数字出版精品遴选推荐计划
- 2016年，入选"十三五"国家重点电子出版物出版规划骨干工程
- 2013年，荣获"中国出版政府奖·网络出版物奖"提名奖

皮书数据库

"社科数托邦"
微信公众号

成为用户

　　登录网址www.pishu.com.cn访问皮书数据库网站或下载皮书数据库APP，通过手机号码验证或邮箱验证即可成为皮书数据库用户。

用户福利

- 已注册用户购书后可免费获赠100元皮书数据库充值卡。刮开充值卡涂层获取充值密码，登录并进入"会员中心"—"在线充值"—"充值卡充值"，充值成功即可购买和查看数据库内容。
- 用户福利最终解释权归社会科学文献出版社所有。

社会科学文献出版社 皮书系列
SOCIAL SCIENCES ACADEMIC PRESS (CHINA)

卡号：391154118658
密码：

数据库服务热线：010-59367265
数据库服务QQ：2475522410
数据库服务邮箱：database@ssap.cn
图书销售热线：010-59367070/7028
图书服务QQ：1265056568
图书服务邮箱：duzhe@ssap.cn

S 基本子库
SUB DATABASE

中国社会发展数据库（下设12个专题子库）

紧扣人口、政治、外交、法律、教育、医疗卫生、资源环境等12个社会发展领域的前沿和热点，全面整合专业著作、智库报告、学术资讯、调研数据等类型资源，帮助用户追踪中国社会发展动态、研究社会发展战略与政策、了解社会热点问题、分析社会发展趋势。

中国经济发展数据库（下设12专题子库）

内容涵盖宏观经济、产业经济、工业经济、农业经济、财政金融、房地产经济、城市经济、商业贸易等12个重点经济领域，为把握经济运行态势、洞察经济发展规律、研判经济发展趋势、进行经济调控决策提供参考和依据。

中国行业发展数据库（下设17个专题子库）

以中国国民经济行业分类为依据，覆盖金融业、旅游业、交通运输业、能源矿产业、制造业等100多个行业，跟踪分析国民经济相关行业市场运行状况和政策导向，汇集行业发展前沿资讯，为投资、从业及各种经济决策提供理论支撑和实践指导。

中国区域发展数据库（下设4个专题子库）

对中国特定区域内的经济、社会、文化等领域现状与发展情况进行深度分析和预测，涉及省级行政区、城市群、城市、农村等不同维度，研究层级至县及县以下行政区，为学者研究地方经济社会宏观态势、经验模式、发展案例提供支撑，为地方政府决策提供参考。

中国文化传媒数据库（下设18个专题子库）

内容覆盖文化产业、新闻传播、电影娱乐、文学艺术、群众文化、图书情报等18个重点研究领域，聚焦文化传媒领域发展前沿、热点话题、行业实践，服务用户的教学科研、文化投资、企业规划等需要。

世界经济与国际关系数据库（下设6个专题子库）

整合世界经济、国际政治、世界文化与科技、全球性问题、国际组织与国际法、区域研究6大领域研究成果，对世界经济形势、国际形势进行连续性深度分析，对年度热点问题进行专题解读，为研判全球发展趋势提供事实和数据支持。

法律声明

"皮书系列"（含蓝皮书、绿皮书、黄皮书）之品牌由社会科学文献出版社最早使用并持续至今，现已被中国图书行业所熟知。"皮书系列"的相关商标已在国家商标管理部门商标局注册，包括但不限于LOGO（ ）、皮书、Pishu、经济蓝皮书、社会蓝皮书等。"皮书系列"图书的注册商标专用权及封面设计、版式设计的著作权均为社会科学文献出版社所有。未经社会科学文献出版社书面授权许可，任何使用与"皮书系列"图书注册商标、封面设计、版式设计相同或者近似的文字、图形或其组合的行为均系侵权行为。

经作者授权，本书的专有出版权及信息网络传播权等为社会科学文献出版社享有。未经社会科学文献出版社书面授权许可，任何就本书内容的复制、发行或以数字形式进行网络传播的行为均系侵权行为。

社会科学文献出版社将通过法律途径追究上述侵权行为的法律责任，维护自身合法权益。

欢迎社会各界人士对侵犯社会科学文献出版社上述权利的侵权行为进行举报。电话：010-59367121，电子邮箱：fawubu@ssap.cn。

社会科学文献出版社